좋은 언행을 하면 좋은 인연이 생기게 되고
나쁜 언행을 하면 나쁜 인연이 생기게 됩니다.
참선 정진을 하여 나쁜 인연을 멀리하고
선근 인연을 쌓아 마침내 육도의 윤회를
벗어나는 해탈의 경지에 이르러
자유로운 삶을 누리시길 바랍니다.

_____ 님께

_____ 드림

마음을 치유하는
생활 참선 이야기

마음을 치유하는
생활 참선 이야기

2014년 3월 20일 초판 1쇄 인쇄
2014년 3월 27일 초판 1쇄 펴냄

지은이 | 탄월금봉
펴낸이 | 이철순
디자인 | 이성빈

펴낸곳 | 해조음
등   록 | 2003년 5월 20일 제 4-155호
주   소 | 대구광역시 남구 중앙대로51길 11 불교대구회관 201호
전   화 | 053-624-5586
팩   스 | 053-624-5587
e-mail | bubryun@hanmail.net

ISBN 978-89-92745-41-3 03220
• 잘못된 책은 바꾸어 드립니다. • 책값은 뒤표지에 있습니다.

金峰禪弟子

泥牛耕破琉璃地
玉馬飲乾明月泉
皮毛戴角異中來
天上人間能幾幾

佛紀二五四八年三月一日

海雲精寺　真際

3장_ 생활 참선이야기

서문 序文

우리가 불법(佛法)을 믿고 수행하는 본래의 뜻은 견성성불(見性成佛)이다.

그러면 견성성불 하기 위해서는 어떻게 정진을 해야 되느냐?

활구참선(活句參禪)을 해야 된다. 고인(古人)네들 명안종사(明眼宗師)들도 활구(活句)에 대해서 많은 말씀을 하셨다.

"다만 활구를 참구(參究)할지언정 사구(死句)를 참구하지 말라"
또, "활구를 참구하면 부처님과 조사의 스승이 된다"는 등 많은
말씀을 하셨다.

그러면 사구(死句)를 참구하면 어떠하냐? 견성성불은커녕 자기
자신도 구제하기 어렵다. 이렇게 활구와 사구는 하늘과 땅만큼
차이가 있는 것이다.

그러면 어떠한 것이 활구참선이냐? 오직 일천성인(一千聖人)의
정액상(頂額上)의 일구(一句)를 투과(透過)해야만 활구가 된다.
일천성인의 이마 위의 일구를 뚫어 지나가지 못하면 활구의 세
계를 전혀 모른다는 뜻이다. 활구의 세계를 알 것 같으면 불조(佛
祖)의 스승이 된다고 했다. 정액상 일구를 투과한 자는 살활종탈
(殺活縱奪) 죽이기도 하고 살리기도 하고 기용제시(機用齊示) 주
기도 하고 빼앗기도 하고 기(機)와 용(用)을 가지런히 쓰는 수완
을 갖추게 되는 것이다.

그러니 모든 대중은 이러한 법문을 듣고 천성(千聖)의 정액상의 일구를 투과해서 인천(人天)의 사표(師表)가 될 수 있도록 혼신의 정력을 쏟아야 한다.

그러면 어떻게 해야만 이 공부를 바르게 지어갈 수 있느냐? 오직 눈 밝은 선지식을 의지해서 바르게 참구하는 법을 배워 일상생활 가운데 오매불망(寤寐不忘) 간절히 각자 선지식께 받은 화두를 챙기고 의심하고, 또 의심하면서 챙길 것 같으면 자연히 습기(習氣)는 잠자고 간절한 화두 한 생각만 물 흐르듯이 도도히 흘러가게 되는데, 깊이 들어갈 것 같으면 의심삼매(疑心三昧)가 현전(現前)하여 밤이 되는지 낮이 되는지도 모르고 나중에는 몸뚱이까지 다 잊어버렸다가 홀연히 보고 듣는 찰나에 화두가 타파(打破)되는 법이다.

화두와 씨름을 하다 보면 무르익어져 바보처럼 되어 버리는데, 사람들이 옆에서 볼 때 "저 사람이 혼이 나간 사람이다" 하게끔 그렇게 일념(一念)에 푹 빠져야 한다. 거기서 타파되면 석가모니 부처님 살림부터 모든 조사(祖師)의 살림을 한 꼬챙이에 꿰어 버리게 된다.

이것이 견성(見性)이요, 활구참선(活句參禪)이다. 이번에 발간되는 탄월금봉 스님의 「마음을 치유하는 생활참선이야기」는 초학자(初學者)가 활구 참선법을 배우고 익히는데 요긴(要緊)한 가지가지 내용들이 잘 정리되어 있어 수행해 나가는데 큰 도움이 되리라 본다. 그러니 모든 대중은 큰 신심(信心)과 용맹심을 가지고 열심히 정진해서 마음 광명을 환히 밝혀 세세생생(世世生生) 부처님 열반락(涅槃樂)을 누리기를 바란다.

불기 2558년 1월
대한불교조계종 종정 **진 제**

산을 내려오면서

신묘년 동안거를 마지막으로 임진년 1월 1일 아침 공양을 마치고 동화사 금당선원 조실 스님(진제 대선사)께 인사를 드리며 "이번 안거가 끝나면 산철부터 서울 근교에 국제적인 선(禪) 센터와 부처님 진신사리를 모신 사리보탑을 건립하여 먼 곳에 있는 사람들로 하여금 조실스님의 가르침을 배울 수 있는 도량을 건립하겠습니다"라는 말씀을 드렸습니다.

10년 전 대구 시내 해인선원에서 기초참선법이라는 책을 만들어 백일기도 하는 마음으로 부산 해운정사 금모선원에서 한 철을 지내고 조실스님께 인사를 드렸을 때 하신 말씀이 "다 헛기다"라는 말씀에 선방을 떠나지 못하였지만 임진년 1월 1일에는 위와 같은 말씀을 드리니 조실 스님께서 내신 영문 법어집 「Open the Mind, See the Light」 앞 장에 조그만 글을 하나 써주시며 내려가는 것을 허락을 해주셨습니다.

참선에 관해서 아무나 입을 뗄 수 있는 건 아니지만 1998년부터 대구 시내 해인선원을 운영하면서 참선하시는 불자님들의 애로점을 알게 되었습니다. 참선이 어렵다고 생각하는 사람들을 위하여 참선을 재미있게 이야기 식으로 엮어 보았습니다.

그동안 함께 정진했던 도반 스님들과 선·후배 스님들 이제 저는 서울 도심 근처에서 정진할 수 있는 선방과 부처님 진신사리보궁을 건립하여 일반 불자님들과 같이 정진을 하며 안거 때 공양도 올리며 복도 짓고 어려운 스님들과 불자님들을 돌보는 처소도 마련하여 정진도 열심히 하여 부처님의 은혜와 지금까지 저를 도와주신 모든 사람들에게 회향하는 마음으로 살아갈 것을 시방삼세의 제불 보살님과 불·법·승 삼보님께 원을 세웁니다.

부디 수좌 스님들은 안에서 정진 잘 하시고 저는 외호로 밖에서 일반 불자님들과 같이 정진하오니 사부대중께서는 저에게 적당한 경책 바라오며 금생에 다 같이 꼭 성불하기를 바랍니다.

나무 석가모니불
나무 석가모니불
나무 시아본사 석가모니불

불기 2558년 1월 해인선원에서
탄월금봉 합장

부설거사 사부시 (浮雪居士 四浮詩)

사랑하는 처자권속이 대숲처럼 빽빽이 둘러 있고
진귀한 보배들이 산더미 같이 쌓였어도
죽을 땐 오직 홀로 외로운 넋만 돌아가니
생각하고 헤아리면 이 모두 헛된 뜬 거품이로다

처자권속 삼여죽 (妻子眷屬 森如竹)
금은옥백 적여구 (金銀玉帛 積如坵)
임종독자 고혼서 (臨終獨自 孤魂逝)
사량야시 허부구 (思量也是 虛浮漚)

천년산수만행도10

1장

생활참선 입문

초발심자를 위하여

오늘날 현대사회는 자아상실로 말미암아 지적인 문제와 정신적인 질환으로 정서불안과 우울증, 대인기피증 등으로 스스로 자제력을 잃고 말과 행동이 거칠어지고 폭력적으로 변하여 여러 가지 사회적인 문제가 발생되고 있습니다.

이와 같은 문제를 해결하기 위해서는 잃어버린 참 나를 찾는 생활속의 참선 수행을 통하여 개개인의 인간성을 회복하고 건강한 몸과 마음으로 행복한 사회가 이루어질 수 있을 것입니다.

'인생난득(人生難得)이요, 불법난봉(佛法難逢)'이라는 말이 있습니다. 즉 사람 몸 받기 어렵고 불법 만나기 어렵다는 것입니다.

우리는 지금 받기 어려운 사람의 몸을 받았고 불법도 만났습니다. 그러나 불법을 만나긴 하였지만 제대로 배우지 못한다면 무슨 이익이 있겠습니까?

요즘 참선(參禪)은 최상의 인기를 누리고 있습니다. 참선의 이름을 알고 있는 사람들은 많지만 참선을 제대로 배우고 실천하는 사람들은 별로 많지 않은 것 같습니다.

사실 참선이 어렵다고 하지만 몸과 마음의 준비 자세만 제대로 갖추어진다면 큰 어려움이 없을 것입니다. 처음부터 어렵다고 시작도 하지 않는다면 아무것도 할 만한 것이 없을 것입니다.

밥을 할 때에도 뽀글뽀글 끓는 과정을 넘어야 하고, 절을 할 때에도 힘드는 과정을 지나야 하듯이 여타의 정진보다 수승한 참선을 배우려면 어려운 과정을 거치고 잘 넘겨야합니다.

팔만대장경이 마음을 가리키는 손가락이라고 한다면 참선(參禪)은 곧바로 마음을 볼 수 있는 수행법입니다.

참선은 일반적인 선과는 다릅니다. 불가(佛家)의 참선을 배우려면 먼저 올바른 선지식(善知識)을 친견하고 올바른 정진을 해야 합니다.

아직도 선지식을 친견하지 못한 사람들은 선지식을 친견할 수 있도록 원(願)을 세워 보십시오. 열심히 원을 세우신 만큼 빨리 선지식을 친견할 수 있을 것입니다.

육조혜능(六祖慧能 638~713) 대사의 「돈황본단경(敦煌本壇經)」에 이르시기를 "선지식들아, 보리반야의 지혜는 세상 사람들이 본래부터 스스로 지니고 있는 것이다. 다만 마음이 미혹하기 때문에 능히 스스로 깨치지 못하는 것이니 그러므로 모름지기 큰 선지식의 지도를 구하여 자기의 성품을 보아라"고 하셨습니다.

옛말에 '천리 길도 한 걸음부터'라는 말이 있듯이 한 걸음 한 걸음 나아가다보면 반드시 이루어질 것입니다.

참선의 기본자세 1

참선은 일상생활 속에서 다니거나 머물 때, 앉아 있을 때나 서 있을 때, 자나 깨나 마음을 흐트러지지 않게 하여 본래의 참 나를 찾을 수 있는 아주 간편하고 좋은 최상의 수행법입니다.

 아주 특별한 경우를 제외하고는 먼저 앉아서 힘을 얻어야만 일어나 다닐 때에도 힘을 얻을 수 있을 것입니다.

앉아서 힘을 얻을 수 있는 좌선은 먼저 두 다리를 쭉 편 다음 아픈 다리를 밑으로 하고 아프지 않은 다리는 발목 무릎 위쪽에 올려서 발 반대 손으로 발등을 잡고 배 앞쪽이 닿는데까지 쭉 당깁니다. 그런 다음 펴진 다리는 무릎 앞까지 당겨서 무릎 위로 올려 배 앞으로 당기면 결가부좌가 되고, 무릎 밑으로 당기면 반가부좌가 됩니다.

결가부좌 자세나 반가부좌 자세를 취하기 어려운 사람들은 두 다리를 쭉 펴서 아픈 쪽 다리를 사타구니까지 당기고, 펴진 다리도 앞쪽으로 당겨서 발을 포개지 않고 평좌로 앉아도 됩니다.

손의 자세는 두 손을 배꼽 앞으로 모아 엄지를 서로 마주하여 양손을 포개되 왼쪽 손은 아래로 하고 오른쪽 손은 위로하여 선정인의 수인으로 하면 됩니다.

이와 같은 자세에서 엉덩이를 뒤쪽으로 내밀고 가슴은 앞으로 내밀며 고개를 바로 세웁니다. 어깨 힘은 빼되 시선은 1m나 1m 반으로 편안하게 볼 수 있는 각도를 유지하여 보는 곳에 초점을 두지 말고 화두 의심에 집중하면 됩니다.

좌선을 처음 하는 사람들은 10분을 견디기 어렵지만 꾸준히 하면 30분을 견디는 힘이 생기고, 더욱 더 열심히 정진하면 한 시간 정도 견딜 수 있는 상태가 될 것입니다.

석가모니 부처님 오도송 (悟道頌)

별을 보고 깨달았으나
깨달은 후에는 별이 아니네
나고 죽는 것을 따라가지 않으나
그러나 무정은 아니로다

인성견오 (因星見悟)
오파비성 (悟罷非星)
불축어물 (不逐於物)
불시무정 (不是無情)

※무정 : 정이 없다는 것은 진여대용(眞如大用)을 말함.

참선의 기본자세 2

몸의 자세가 갖추어진 사람들은 불 · 법 · 승 삼보에 귀의하고 기본적인 다섯 가지의 오계를 받아 지켜야 합니다.

세상에는 금, 은, 진주와 다이아몬드 등 여러 가지 보배가 있지만 불가에는 세 가지 보배, 즉 삼보가 있습니다. 무엇을 삼보라고 하는가? 첫째는 불보(佛寶)요, 둘째는 법보(法寶)요, 셋째는 승보(僧寶)입니다.

불 · 법 · 승 삼보(三寶)란 참 나를 깨달은 분을 불보(佛寶 : 부처님을 보배)라 하고, 부처님의 가르침을 법보(法寶 : 가르침을 보배)라 하며, 부처님의 가르침을 배우는 단체를 승보(僧寶 : 승가를 보배)라고 합니다.

다섯 가지의 계는 불살생(不殺生), 불투도(不偸盜), 불사음(不邪淫), 불음주(不飮酒), 불망어(不妄語) 입니다.

첫째, 불살생이란 살아 있는 생명을 죽이지 않는 것입니다. 살아 있는 생명을 해치면 반드시 갚음의 보를 받게 되고 목숨이 짧아지는 단명보를 받게 될 뿐만 아니라 항상 마음이 불안하고 초조하여 참 나를 찾는 정진을 할 수 없을 것입니다.

부처님 십대제자 중에 신통제일인 목련존자의 어머니는 목련존자가 출가하시기 전에 삼보를 비방하고 살생을 많이 한 과보로 대지옥에 떨어졌습니다. 목련존자의 신통으로도 어느 지옥에 있는지 찾기가 어려워서 부처님께 간청을 하였습니다.
부처님께서 목련존자에게 이르시기를 "스님들이 안거가 끝나는 날 모든 보살님들을 청하여 대승경전을 읽고 산 목숨을 놓아주며 스님들께 공양을 올리며 계를 받아 지니면 지옥에서 벗어나게 될 것이다"라고 하셨습니다.

목련존자는 모든 보살님들을 청하여 대승경전을 읽어주고 산 목숨을 놓아주어 어머니는 지옥에서 벗어났습니다. 그런데 만약 이와 같은 인연도 없고 생명을 해치며 지옥에 떨어진다면 어떻게 지옥을 벗어날 수 있으며, 어떻게 참 나를 찾는 정진을 할 수 있겠습니까?

둘째, 불투도란 남의 물건을 훔치지 않는 것입니다. 남의 물건을 훔치면 가난한 과보를 받게 될 뿐만 아니라 하루하루 살기 어려워 참 나를 찾는 정진을 하기 어려울 것입니다.

예전에 어느 비구니 스님이 정진하는 시간을 할애하여 도토리를 주우러 산속을 이리저리 다니다가 낙엽이 소복이 쌓여 있는 곳을 발견하였습니다.

소복이 쌓인 낙엽을 걷어내자 도토리가 많이 쌓여 있는 것을 보았습니다. 담고 또 담아도 나오는 도토리는 굴속 깊이 연결되어 있었습니다.

비구니 스님은 그 도토리를 모두 담아서 토굴로 돌아왔습니다. 다음날 아침에 일어난 비구니 스님은 문을 열고 신발을 신으려고 하다가 깜짝 놀랐습니다.

웬 다람쥐들이 신발 속에 무더기로 죽어 있었기 때문입니다. 놀란 비구니 스님은 '왜 이렇게 다람쥐들이 신발 속에 죽어 있을까' 라고 생각을 해보니 어제 가져온 도토리가 이 다람쥐 가족들이 이번 겨울을 나기 위해 모은 것을 다 가져왔기 때문에 원통하고 분하여 신발 속에서 모두 죽었던 것입니다.

이처럼 남의 물건인지도 모르고 가져온 것에도 이러한 일들이 생기는데 남의 물건인지 알고 훔치는 과보는 말할 수 없는 큰 과보를 초래하게 될 것입니다.

노력하지 않고 남이 모은 재물을 가지게 되면 상대방은 원한을 품게 되고 원한의 과보는 반드시 받게 될 것입니다.
이러한 인연으로 가난한 과보도 받게 될 뿐만 아니라 하루하루 살기 어려워 참 나를 찾는 정진도 하기 어려울 것입니다.

셋째, 불사음이란 정해진 부부 외에 삿된 음행을 하지 말라는 것입니다.

정해진 부부 외에 삿된 음행을 하면 몸에서 맑은 향기가 사라지고 악취가 나며 미움과 원한의 과보를 받게 되어 가정의 화합이 깨지고 가족이 흩어지는 과보를 초래하게 될 것입니다.

넷째, 불음주란 술을 마시지 않는다는 것입니다. 술을 마시면 정신이 흐려지고 어리석은 과보를 받게 되며 마침내 순일한 정진을 할 수 없으며 참 나를 찾을 수 없을 것입니다.

다섯째, 불망어란 망령된 말을 하지 말라는 것입니다. 알지 못하는 것을 안다고 하며 남을 속이거나, 본 것을 보지 않았다고 하거나, 보지 않은 것을 보았다고 하는 것입니다.

이렇게 망령된 말을 하게 되면 대지옥에 떨어져 나올 기약이 없고 순일하게 정진도 할 수 없으며 참 나를 찾기 어려울 것입니다.

이와 같이 참선을 배우는 사람은 불·법·승 삼보에 귀의하고 기본적인 다섯 가지 계율을 받아 지키고 선지식의 가르침에 의지하여 화두를 참구 하면 자연히 화두 의심이 순일하게 되어 진제 대선사님의 가르침과 같이 자나 깨나, 가나 오나, 앉으나 서나 밤낮 가는 줄 모르는 찰나에 보고 듣는 즉시 화두를 타파하게 될 것입니다.

천년산수만행도6

마음을 편안하게 해 주십시오

하루하루 바쁘게 살아가는 생활 속에서 자아를 잃게 되면 몸과 마음이 지치고 힘들어 본의 아니게 나쁜 언행으로 나와 남을 해치게 됩니다.

이러한 생활을 반복하다보면 자신의 잘못을 인정하지 않고 세상과 조상을 원망하기도 합니다.

아래의 이야기는 지금부터 1,500년 전 어느 스님께서 출가 전에 지은 업으로 인하여 항상 괴로움에 시달리다가 달마 대사를 만나 모든 업을 깨끗이 씻고 새로운 삶을 찾은 이야기입니다.

신광 스님은 출가 전 장군 출신으로 전쟁 때 사람을 많이 죽여서 출기 이후에 징진을 하여노 예전에 지은 업보 때문에 악몽에 시달리고 괴로워 마음 편할 날이 없었습니다.

신광 스님은 숭산 소림굴에서 인도에서 오신 달마 대사께서 벽만 바라보고 정진을 하고 계신다는 소문을 듣고 소림굴로 향하였습니다.

달마 대사(?~528)는 남인도 향지국의 셋째 왕자였습니다. 반야다라 존자에게 출가하여 불법을 배워 인도의 28대 조사가 되었습니다.

달마 대사께서 중국으로 오신다는 말을 전해 듣고 양나라 무제는 달마 대사를 초청 하였습니다. 양나라 무제는 달마 대사께 공양을 대접하고 차를 마시며 여쭙기를 "짐은 많은 스님들을 초청하여 공양도 올리고 사원도 많이 지었는데 공덕이 얼마나 되겠습니까?"라고 물었습니다.

달마 내사께서 "공덕이 조금도 없습니다"라고 답을 하니 양무제는 화가 나서 달마 대사를 쫓아내었습니다.

달마 대사는 양자강을 건너 숭산의 소림사 굴에 들어가 9년 동안 벽을 보고 정진을 하였습니다.

달마 대사가 면벽 9년이 되던 어느 겨울, 신광이라는 스님이 어느 곳에서 정진을 하여도 전생의 업연 때문에 마음 편할 날이 없어 숭산 소림굴에서 9년 동안 벽을 보고 정진하고 계시는 분이 있다는 소문을 듣고 소림굴로 향하였습니다. 소림굴에 도착한 신광 스님은 사흘 밤낮을 눈이 쌓인 곳에서 달마 대사를 향해 무릎을 꿇고 있었습니다.

사흘이 지나려 하는 어두운 밤에 9년 동안 꼼짝하지 않던 달마 대사께서 몸을 돌려 신광 스님에게 물으시기를 "그대는 무엇 때문에 사흘 밤낮을 그렇게 있는가?"라고 물으니 신광 스님이 대답하기를 "예, 제 마음이 편하지 않으니 마음을 편하게 해 주십시오"라고 하자 달마 대사께서 "편하지 않는 그 마음을 가져오게 내 그 마음을 편하게 해 줄 터이니"라고 말했습니다.

신광 스님은 불안한 마음을 찾으려 해도 찾을 수 없자 "불안한 마음을 찾으려 해도 찾을 수 없습니다"라고 하니 달마 대사께서 말씀하시기를 "그대의 마음을 편안하게 하였느니라"라고 하였습니다. 신광 스님은 "저를 제자로 받아 주십시오"라고 하자 달마 대사께서 말씀하시기를 "그대의 믿음을 보여라"고 하자 신광 스님은 자신의 오른쪽 팔을 자르고 실신을 하여 쓰러졌습니다.

자신의 오른팔을 자른 신광 스님은 훗날 중국 선종의 2조(二祖)인 혜가 스님입니다.

천년산수만행도 7

인과因果에
어둡지 않네

요즘 정진도 잘하지 않으면서 절에 와서 집안 일과 잡다한 얘기를 하는 사람들이 더러 있는 것 같습니다.

사찰 입구에 일주문이 있는데 이 일주문 현판에 글이 새겨져 있습니다. '입차문래 막존지해(入此門來 莫存知解)', 즉 이 문에 들어 올 때 알음알이를 내지 말라는 뜻입니다.

말 한번 잘못하면 말이 씨가 되어 화를 입는 경우가 있습니다. 옛날에 공부 좀 했던 어떤 주지 스님이 말 한마디를 잘못하여 오백 생을 여우의 몸을 받았다고 합니다.

백장회해(百丈懷海 749~814) 선사는 '하루 일을 하지 않으면 하루 밥을 먹지 않는다'는 유명한 일화가 있습니다.

백장 선사께서 설법을 할 때마다 설법이 다 끝나도 가지 않는 노인이 있었습니다. 백장 선사는 이상하다고 생각하고 그 노인 앞에 다가가 "어르신은 어디 사시는 누구입니까?"라고 물으니 그 노인은 "저는 사람이 아닙니다"라고 하였습니다.

백장 선사께서 "그럼, 누구입니까?"라고 물으니 노인은 "저는 가섭불 시대에 이 절의 주지였습니다. 그때 어느 스님이 나에게 묻기를 '수행을 많이 하신 분도 인과에 떨어집니까? 떨어지지 않습니까?'라고 물었는데 나는 그때 '인과에 떨어지지 않는다'라고 하였습니다. 그 때문에 나는 오백 생을 여우의 몸으로 살고 있습니다. 큰스님께서는 이 물음에 바른 답을 해 주시고 저를 여우의 몸을 벗어나게 하여 주시옵소서"라고 하니 백장 선사께서 답하시기를 "인과에 어둡지 않네"라고 하였습니다.
이 말에 노인은 크게 깨닫고 말씀 드리기를 "저는 이제 여우의 몸을 벗어나오니 큰스님께서 부디 뒷산에 있는 저의 몸을 회향하게 하여 주시옵소서"하고 말하였습니다.

백장 선사는 대중들을 불러 뒷산에 있는 죽은 여우의 몸을 다비 (茶毘 : 시신을 불에 태움)를 하여 천도재를 지내게 하였습니다.

위의 스님은 전생에 주지 스님 소임을 맡고서 말씀 한마디 잘 못한 인연으로 오백 생을 여우의 몸을 받았다고 합니다.

요즘 우리는 하루 24시간 중 정진은 잘 하지 않고 잘못된 말을 몇번씩 하며 다음 생에 어떠한 몸을 받을 것인지 우리는 한번쯤 생각해 봐야 할 것입니다.

반야다라 (般若多羅)

마음땅에서 온갖 종자가 나고
사물을 인하여 다시 이치가 생기나니
과만해짐에 보리도 원만해지리니
꽃이 피고 세계가 일어나도다

심지 생제종 (心地 生諸種)
인사 부생리 (因事 復生理)
과만 보리원 (果滿 菩提圓)
화개 세계기 (花開 世界起)

※과만 : 결과가 원만함을 말함

청녀倩女의
두혼

우리의 마음과 육체는 둘이 아니라고 합니다. 반야심경에서는 오온(五蘊)이 공(空)하다고 합니다. 오온이란 색수상행식(色受想行識)으로 색(色)은 우리의 몸인 지수화풍(地水火風)을 말하고 수상행식(受想行識)은 정신을 말합니다.

반야심경에서 볼 수 있듯이 정신과 육체는 텅 빈 공(空)인데 우리는 공을 인식으로만 알고 인식의 범위를 벗어나지 못하고 있는 것 같습니다.

당나라 때 어느 여인이 혼이 둘로 나뉘어졌던 일이 있었는데 이 현상을 가지고 법연 선사께서 법문을 하셨습니다.

당나라 측천무후(則天武后 624~705) 때 장감이라는 사람에게 두 딸이 있었습니다. 큰 딸은 먼저 병들어 죽고 막내 딸이 있었는데 아주 대단한 미인이었습니다.

그 막내 딸이 청녀였고 외생질인 왕주도 아주 미남이어서 나중에 커서 부부가 되면 좋겠다고 하였습니다.

청녀가 결혼할 나이가 되자 아버지 장감은 부잣집의 청년과 출가를 시키려 하였으나 청녀는 원하지 않았습니다.

아버지의 명령에 거역할 수는 없고 청녀는 원하지 않아 지치고 병들어 결국 일어나지 못하게 되었습니다.

왕주는 청녀의 집을 맴돌다 고향을 떠나기로 하고 배를 타고 언덕을 지나려고 하는데 저 멀리서 누군가 오고 있었습니다.

가까이 가서보니 청녀였습니다. 두 사람은 기뻐하면서 눈물을 흘렸습니다. 두 사람은 촉(蜀)나라로 가서 아들을 하나 낳아 몇 년 동안 행복하게 살았습니다.

그러던 중 청녀는 남편 왕주에게 "고향에 돌아가 부모님들께 용서를 빌자"고 하였습니다. 남편 왕주도 청녀의 뜻을 따라 고향으로 돌아왔습니다.

청녀는 배에서 있기로 하고 남편 왕주가 먼저 청녀의 집에 들어가 장인어른을 뵌 다음 청녀는 후에 집으로 오기로 하고 왕주는 처갓집으로 향했습니다. 처갓집에 도착한 왕주는 장인어른을 뵙고 지나간 일들을 다 말씀드렸습니다.

그러자 장감은 깜짝 놀라며 "장인이라니? 청녀가 아이를 낳았다고? 내 딸 청녀는 병들어 일어나지도 못하는데 자네는 도대체 무슨 말을 하는가?"하고 물었습니다.
왕주가 말씀드리기를 "청녀는 지금 저기 나루터 배 안에 있습니다"라고 말했습니다. 그 말을 듣고 누워 있던 청녀가 일어나 나루터 있는 곳으로 아버지 장감과 왕주가 함께 갔습니다.

배 안에 있던 청녀도 배에서 나와 누워 있던 청녀와 만나자마자 둘은 하나가 되었습니다.

오조법연 선사께서 모든 대중들에게 이르시기를 "청녀가 혼을 떠났었는데 어느 혼이 진짜 청녀인가?"라고 하셨습니다.

참선을 하다가 화두가 일념이 되어 화두가 타파(打破 : 쳐 부심) 되면 이러한 물음에 즉시 답을 할 수 있지만 생각을 일으켜 답을 찾으려 한다면 불가능할 것입니다.

몇 근이나 되는고?

우리는 형상이 있는 물체의 무게는 알 수 있지만 소리나 빛을 무게로 측량한다는 것은 어려울 것입니다.

불법의 진면목을 보여주기 위하여 부득이 선사(禪師)들이 괴이한 행동을 하는 것은 분별심을 가진 이들에게 알음알이를 멈추고 본래의 세계로 보게 하기 위한 것입니다.

중국 송나라 유명한 문장가인 소동파(蘇東坡 1037~1101)의 이름은 식(軾)이고, 자는 자첨(子瞻)이며, 사천 아미산 출신입니다.

소동파는 어릴 때부터 글에 아주 박식하여 어른이 되어 벼슬을 하였는데 지금의 지방 장관 정도 된다고 합니다.

하루는 자기의 글 재주를 드러내기 위하여 그 지방에서 가장 훌륭한 스님을 찾아가기로 하여 옥천사 불인요원(佛印了元 1020~1086) 선사를 찾아갔습니다.

소동파는 옥천사에 도착하자마자 거만한 자세로 큰 기침을 하면서 이리저리 둘러보고 있는데 불인요원선사께서 말씀하시기를 "이 사찰은 빈곤하여 앉을 곳이 마땅한 곳이 없습니다"라고 하자 소동파는 "스님의 몸뚱이를 빌려 주십시오"라고 하였습니다.

그러자 불인요원 선사께서는 "이 몸뚱이 사대(四大)는 공허한데 어느 곳에 앉으시겠습니까?"라고 하셨습니다. 또 선사께서 "그대의 존함이 무엇입니까?"라고 물으시는데 소동파가 "칭(秤)"이라고 하였습니다. 칭이란 저울이란 뜻으로 스님의 살림살이를 한번 달아보겠다는 것이었습니다.

선사께서 "억"하시며 "이것이 몇 근이나 되는고?"라고 물었습니다. 소동파는 지금까지 배운 글이나 알고 있는 것으로 아무 대답도 못하고 옥천사를 내려갔습니다.

그 후 어느 날 여산 흑룡사에 동림상총(東林常總 1025~1091) 선사를 친견하러 갔습니다. 예전과 달리 공손히 큰스님께 말씀 드리기를 "제가 미혹해서 아직 깨달음을 얻지 못하였습니다. 자비로운 마음으로 저를 제도하여 주십시오"라고 하였습니다.
상총 선사께서 "거사님은 어떤 스승을 만나셨습니까?"라고 묻자 그 동안 여기저기 일들을 말씀드리자 선사께서 "무정(無情)의 설법은 듣지 않고 유정(有情)의 설법만 들으려 하시는가요?"라고 하였습니다.
소동파는 그 말에 귀가 멍하고 눈이 깜깜해지면서 흑룡사를 내려오는 길에 폭포수 흐르는 소리를 듣고 깨달음을 얻어 다음과 같은 게송을 지었습니다.

계성편시장광설(溪聲便是長廣舌)
산색기비청정신(山色豈非淸淨身)
야래입만사천게(夜來入萬四千偈)

타일여하거사인(他日如何擧似人)

계곡의 물소리는 장광설(부처님의 말씀)이요,

산색은 어찌 청정한 법신이 아닌가,

밤이 오니 팔만 사천 게송이오,

다음 날 무엇으로 다른 이에게 들어 보일까?

예전에 거만 했던 소동파 거사님이 지난 날 자신의 잘못을 인정

하고 다시 큰스님을 친견하고 눈과 귀가 멀어 흐르는 폭포 소리

에 한 소식의 게송을 읊으니 얼마나 좋고 좋은 일입니까?

쓸고 닦아라

불교는 많이 안다고 정진을 잘 할 수 있는 것이 아니라 조금 덜 배워도 진실하면 정진도 잘 할 수 있습니다.

부처님 제자 중에 주리반트가라는 스님이 있는데 이 스님은 배움과는 거리가 아주 먼 스님이었습니다.

주리반트가 스님은 바보 같은 스님이었다고 합니다. 건망증 환자처럼 무슨 말을 듣고 돌아서면 금방 잊어버려 형님 마하반트가 스님은 동생 주리반트가 스님이 남들에게 놀림 당하는 것을 보면 견디기가 너무 힘들었습니다.

형님 마하반트가 스님은 아무리 가르쳐도 알아듣지 못하는 동생 주리반트가 스님을 사원 밖으로 쫓아내었습니다. 주리반트가 스님은 사원 밖에서 갈 곳이 없어 울고 있었습니다.

부처님께서 신통으로 이 상황을 보시고 주리반트가 스님 곁으로 다가가 주리반트가 스님에게 물었습니다.

"주리반트가여! 왜 여기서 울고 있는가?"

주리반트가 스님이 대답하기를 "저는 머리가 나빠 아무리 가르쳐 주어도 기억하지 못합니다. 그래서 사원에서 쫓겨나 들어갈 수도 없고 갈 곳도 마땅한 곳이 없어 이렇게 울고 있습니다"

부처님께서 "주리반트가여! 교리를 배우는 일은 중요하지 않느니라. 내일부터 사원을 청소하되 빗자루로 쓸면서 '쓸고 닦아라'라고만 하면 되느니라"라고 말씀하셨습니다.

주리반트가 스님은 다음 날부터 빗자루로 사원을 청소하며 '쓸고 닦아라'를 반복을 할 수가 없었습니다. '쓸고' 하면 '닦으라'를 잊고 '닦으라'를 하면 '쓸고'를 잊었습니다.

세월은 흘러 몇 년이 지난 어느 날 '쓸고 닦아라'를 잘 하게 되었
고 주리반트가 스님이 무엇을 쓸고 닦아야 하는지를 알게 되어
큰 소리로 외쳤습니다.
"이제야 무엇을 쓸고 닦아야 하는지를 알게 되었다"

주변 스님들과 불자님들은 주리반트가 스님이 미쳤다고 비웃었
지만 부처님은 주리반트가 스님이 깨달았다는 것을 알고 계셨습
니다.

어느 날 부처님께서 비구니 스님들이 계신 처소에 법회를 하러
가시는 날 부처님께서 주리반트가 스님에게 말씀하시기를 "오늘
나를 대신하여 주리반트가 스님이 법회를 다녀오너라"고 하였습
니다.
주리반트가 스님은 "예, 세존이시여!"라고 말씀을 드리며 비구니
스님 처소로 향하였습니다.

이 광경을 본 대중들은 수군거리며 "세존께서 왜 저런 바보를 법회에 보내셨을까?"라고 의아해 하였습니다.

법회를 하기 위해 비구니 처소에 도착한 비구니 스님들은 주리반트가 스님이 오는 것을 보고 깜짝 놀랐습니다. 비구니 스님들은 "주리반트가 스님이 여기는 왜 오셨습니까?"하고 물었습니다. 주리반트가 스님은 "오늘 법문을 하기 위하여 왔습니다"하고 대답했습니다.
비구니 스님들은 주리반트가 스님이 법문을 하는 것을 원하지 않았지만 부처님께서 보낸 주리반트가 스님을 거역할 수 없어 법문을 듣게 되었습니다,

그 날 모든 비구니 스님들 앞에서 법문을 하는 주리반트가 스님은 예전에 놀림 당하던 바보 스님이 아니었습니다. 비구니 스님들은 주리반트가 스님을 예전 바보 스님으로 잘못 생각한 것을 참회하고 부처님께서 왜 주리반트가 스님을 보내셨는지 알 수 있을 것 같았습니다.

보리달마 (菩提達磨)

내가 본래 이 나라에 온 것은
어리석은 사람을 제도하는 법을 전하려고 왔다
한 송이의 꽃에 다섯 꽃잎이 피어서
열매는 자연으로 이루어지리라

오본 래자토 (吾本 來玆土)
전법 구미정 (傳法 救迷情)
일화 개오엽 (一花 開五葉)
결과 자연성 (結果 自然成)

천년산수만행도 1

뜰 앞에 잣나무

들에 꽃이 피면 봄이 오고 겨울에 얼었던 얼음이 녹아지듯 업장이 녹아야 무명으로 덮였던 본래 참 모습이 드러납니다. 육도의 고해에서 벗어나 해탈열반의 세계로 가고자 하시는 사람들은 위대한 선지식의 가르침을 따라야 합니다.

당나라 때 어떤 스님이 조주종심(趙州從諗 778~897) 선사에게 묻기를 "조사(달마)스님께서 왜 인도에서 오셨습니까?"라고 하니 조주 선사께서 답하기를 "뜰 앞에 잣나무니라"라고 하셨습니다.

중국 조주 선사가 계셨던 관음원에 다녀오셨던 어떤 분은 그곳 관음원 앞에 있는 나무는 측백나무이지 잣나무가 아니라고 하였습니다.

참선을 하는 사람들이 유의해야 할 것은 사실 현장에 소나무가 있었다 해도 왜! 소나무라고 했는지 의심을 제대로 해야합니다. 그렇게 할 때 분별력이 사라지게 되고 한 가지 생각에 몰입이 되는 동시에 흑백 논리를 벗어나게 되며, 시비가 사라지면 망념이 사라지게 되어 순일하게 정진할 수 있습니다. 그렇지 않고 그 나무 이름에 대하여 답을 찾으려 한다면 망상 분별력만 더 커지게 될 것입니다.

놓아라

우리는 매일같이 눈 뜨고 감을 때까지 마음을 내려놓지 못하고 이것 아니면 저것에 관여하며 살아갑니다. 이것과 저것에 너무 많이 관여를 하다보면 몸과 마음이 피로해지고 분별시비만 더욱 심해지게 됩니다.

중국 선종의 육조혜능(六祖慧能 638~713) 대사의 게송에 '본래 한 물건도 없다(本來無一物)'는 게송이 있습니다. 엄양 존자(嚴陽 尊者)가 한 물건도 없다는 견처를 얻어서 조주 선사를 친견하여 물었습니다.

엄양 존자가 조주 선사에게 묻기를 "한 물건도 가지고 오지 않을 때는 어떻습니까?"라고 하니 조주 선사께서 말씀하기를 "놓아라"
라고 하였습니다.

엄양 존자가 다시 묻기를 "한 물건도 가지고 오지도 않았는데 무
엇을 놓으라고 하십니까?"라고 하니 조주 선사께서 말씀하기를
"놓지 못하겠거든 짊어지고 가라"고 하셨습니다. 엄양 존자는 여
기에서 깨달음을 얻었습니다.

조주 선사께서 말씀하신 무엇을 놓고 무엇을 들고 있는지는 정진
을 제대로 하여 화두가 순일해지면 알게 될 것입니다.

천년산수만행도 3

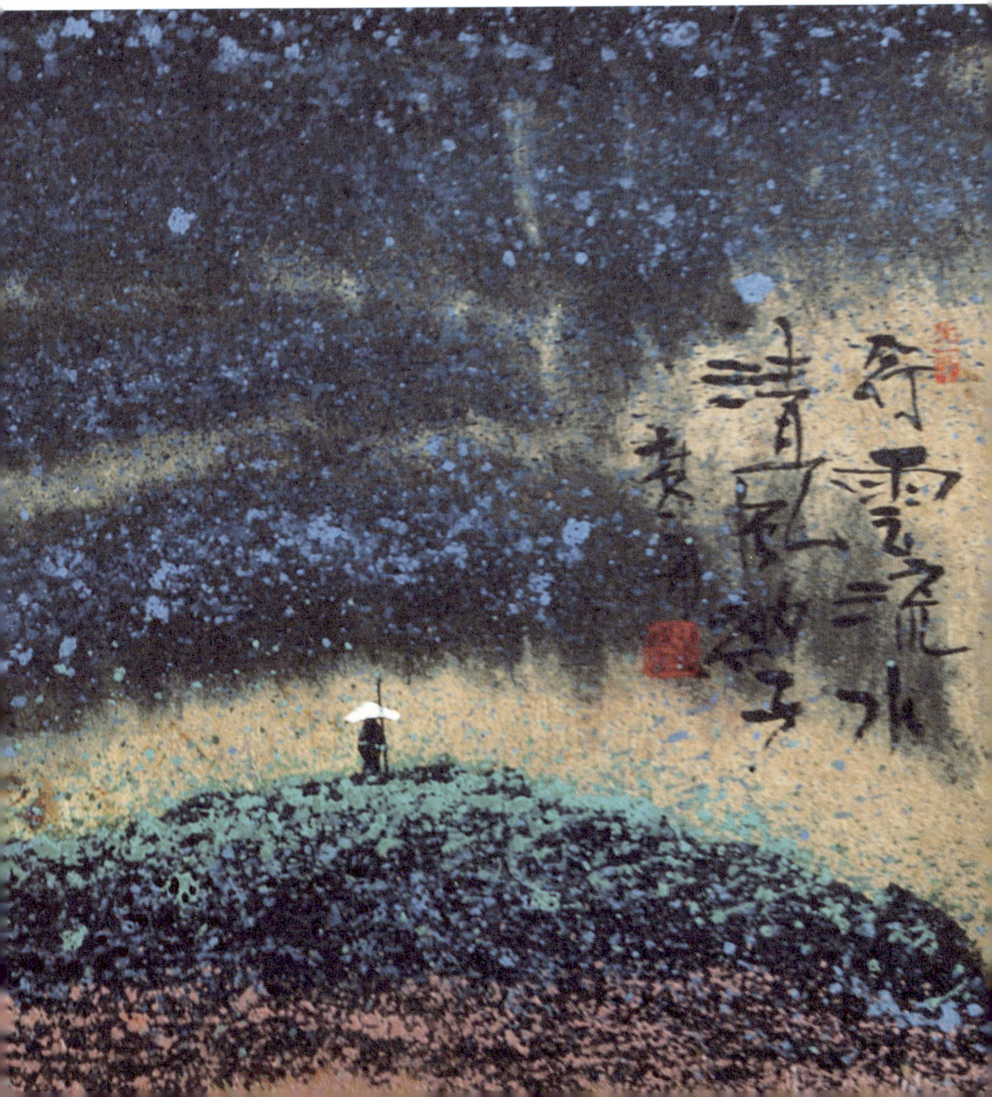

수미산

참선 정진을 하다보면 조그만 견처(見處 : 스스로 뭔가를 알았다는 것)를 비롯하여 갖가지 견처가 생기는 경우가 있습니다. 이러한 견처가 생길 때 눈 밝은 선지식을 친견하여 탁마(琢磨)를 받아야 합니다.

옛날 어떤 스님은 공부를 하다가 한 생각도 일어나지 않는 경지가 되었습니다. 이 스님은 중국 선종의 유명한 운문종의 창시자인 운문 선사(雲門 禪師)에게 찾아가 물었습니다. "한 생각도 일어나지 않을 때 허물이 있습니까, 허물이 없습니까?"라고 하니 운문 선사께서 말씀하기를 "허물이 수미산과 같으니라"라고 하셨습니다.

수미산은 인도의 세계관으로 세계 중심에 높이 솟은 가장 큰 산입니다. 왜 한 생각도 일어나지 않는 경지까지 간 스님에게 운문 선사께서 허물이 수미산과 같다고 했을까요?

이와 같이 바른 선사들의 가르침은 간단 명료하며 정확합니다. 이러한 가르침을 알음알이로 이해하려 하거나 말도 되지 않는다고 하여 다른 수행법으로 바꾸는 사람들도 있을 것입니다.

사실 간화선(看話禪 : 화두를 의심하여 분별의식이 요동치지 않으면서 참 성품을 보는 것)은 화두를 알았다고 하더라도 문제가 된다는 것을 모르는 사람들과 화두만이 깨달음을 얻을 수 있다는 사실을 부정하는 사람들을 위하여 위의 사례를 들어 화두선의 위대함과 정확함을 설명해 볼까 합니다.

위에서 어떤 스님이 한 생각도 일어나지 않는 상태가 되어 운문 선사를 찾아갔는데 운문 선사께서 한 생각 일어나지 않는 스님에게 허물이 수미산과 같다고 한 것은 운문 선사께서 한 생각이 일어나지 않는다는 생각을 하고 있는지도 모르고 스님에게 너무

나 세밀하고 정교한 안목으로 생각이 일어나지 않는다는 것도 생각을 일으킨 것과 다름이 없는 것으로 지적을 한 것입니다.

이와 같이 선사들은 아주 미세하고 정확한 안목으로 인도를 해주어도 그 뜻을 알지 못하고 선사들의 가르침을 믿지 않고 다른 소리를 하는 사람들이 있습니다.

왜! 화두만이 깨달을 수 있을까요? 화두선은 한 생각도 앞으로 나아가거나 뒤로 물러나지 않는 상태에서 본래의 참 성품을 볼 수 있습니다. 여타의 수행법은 마음을 먼저 일으킨 다음, 마음을 가라앉게 하고 마음으로 마음을 조작하는 인식적인 작용을 하여 몸과 마음을 한 순간 편하게는 할 수 있지만 마음의 근본 주체를 알기는 어렵기 때문입니다.

이조혜가 (二祖慧可)

본래부터 마음땅이 있었기에
그 땅에 씨를 심어 꽃이 피나
본래 종자도 있는 것이 아니고
꽃도 나는 것이 아니다

본래 연유지 (本來 緣有地)
인지 종화생 (因地 種花生)
본래 무유종 (本來 無有種)
화역 부증생 (花亦 不曾生)

차나 한 잔
마시고 가시게...

우리는 매일같이 밥 먹고 차를 마시고 있으면서도 밥 먹고 차 마시는 주인공을 알지 못합니다.

어느 스님이 옛 부처라고 불리는 조주종심 선사를 찾아 갔습니다. 조주 선사께서 "일찍 이르렀는가?"라고 묻기에, 스님은 "예, 일찍 이르렀습니다"라고 대답을 하자 조주 선사께서 "차나 한 잔 마시고 가시게"라고 하셨습니다.

또 다른 스님이 조주 선사를 찾아 갔는데 그때도 조주 선사께서 "일찍 이르렀는가?"라고 물으시기에, 스님은 "예, 일찍 이르지 못하였습니다"라고 대답을 하니, 조주 선사께서 "차나 한 잔 마시고 가시게"라고 하셨습니다.

이러한 광경을 보았던 원주 스님은 조주 선사께 이르기를 "큰스님께서는 어찌하여 일찍 이르렀던 스님도 차나 한 잔 마시고 가라 하시고, 일찍 이르지 못한 스님에게도 차나 한 잔 마시고 가라 하십니까?"라고 물으니, 조주 선사께서 말씀하시기를 "원주야, 너도 차나 한 잔 마시고 가거라"라고 하셨습니다.

조주 선사께서는 왜 누구에게나 "차나 한 잔 마시고 가시라"고 하셨을까요? 확실한 답을 알았다고 하는 사람은 선지식의 점검을 받아야 합니다. 왜! 답을 알았는데 선지식을 친견해야 하는가? 서산 대사께서 말씀하시기를 "한 생각을 깨뜨린 후에도 반드시 밝은 스승을 찾아가 눈이 바른지 검사를 받아야 한다"라고 하였습니다.

마음이 곧 부처님

눈에 보이는 모든 것은 변하여 영원하지 않고 소리로 듣는 모든 것은 실체가 없습니다. 매일같이 사용하는 우리의 마음은 어떻게 생겼을까요?

어느 스님이 마조도일(馬祖道一 709~788) 선사를 찾아가 묻기를 "어떠한 것이 부처입니까?"라고 하자 마조 선사께서 "마음이 부처님이니라"라고 답을 해 주셨습니다.

대답이 너무 간단 명료하지만 마음도 모르고 부처도 모르는 우리들에게는 너무 답답하기만 합니다.

우리는 어떤 이름을 가지고 답을 찾으려 할 때도 있고 생각으로 답을 찾으려 할 때도 있습니다. 선사들은 우리들에게 이해를 시키려 하거나 설명을 하려 애쓰지 않습니다.

단지 우리 마음의 요동을 멈추게 하기 위하여 몽둥이나 큰 소리로 우리들의 업식(業識)을 꼼짝 못하게 하여 본래 참 모습을 보게 해 주려 하는 데도 우리는 선사들의 가르침을 알지 못하고 성의 없는 답이라고 단정하기도 합니다.

요즘은 시대가 변하여 배우는 학생들에게 매를 들거나 놀라게 하면 법적인 제재를 면치 못합니다. 인권을 위주로 하자니 강하게 가르치지 못하고, 강하게 가르치자니 인권을 침해한다고 합니다. 어느 것이 진정 옳은 가르침일까요? 선종(禪宗)의 선사들의 가르침은 조금 더 강하게 가르치기에 점점 멀어지려 합니다.

부처님이라면
사리가 있으실 텐데!

불교를 잘 알지 못하는 어떤 사람들은 불교를 우상숭배로 알고 있습니다. 그러나 우리가 부처님을 모시고 예불하고 정진하는 것은 부처님 당시에 부처님의 모습을 보지 못한 사람들이나 그 분이 세상에 태어나 왕자의 직위를 버리고 출가하여 깨달음을 얻으시고 육도의 모든 중생을 위하여 위대한 가르침으로 육도를 벗어나는 해탈법을 가르쳐 주신 고맙고 존경하는 분으로 모습을 새겨 도량에 모셔서 새벽부터 저녁까지 예불하고 정진하여 우리도 부처님같이 되기 위함임을 알지 못하고 비방만 합니다.

학교나 공원에 모셔진 이순신 장군이나 유관순 누나의 동상도 나라를 위하여 큰 공을 세운 분으로 존경하는 뜻으로 후손들에게

귀감이 되게 하기 위하여 세워 놓은 것입니다.

불교의 부처님도 모든 이들이 본래의 성품을 등지고 방황하는 이들에게 참 성품을 깨달아 육도의 윤회에서 벗어나게 해주신 인류의 위대한 스승으로 공경하고 존경하는 것입니다.

당나라 때 단하천연(丹霞天然 739~824)이라는 스님이 계셨습니다. 단하 스님이 일찍이 유학(儒學)을 배우고 과거에 응시하기 위해 장안(長安)으로 가던 중에 어느 선승(禪僧)을 만났습니다. 그 선승께서 말씀하시기를 "과거를 보아 급제하는 것보다 부처를 뽑는 선불장(選佛場)이 더 훌륭할 것이다"라는 말을 듣고 마조도일(馬祖道一 709~788) 선사를 친견한 후 석두희천(石頭希遷 700~790) 문하에서 3년을 참학(參學)하였습니다.

다시 마조 문하에 이르러 정진하던 어느 날 법당에 들어가 성상(聖像)의 목에 걸터 앉았는데 대중들이 의아해하며 마조 스님께 고하였습니다. 마조 스님께서 법당에 들어가 그 모습을 보고 말씀하시기를 "천연(天然)하다"고 하시자, 단하 스님이 성상에서 내려와 예배를 드리며 "스님께서 주신 법호 감사합니다"라고 하였습니다.

이로부터 천연이라고 하여 단하천연(丹霞天然)이라고 하였습니다. 단하천연 스님이 겨울철에 운수행각(雲水行脚)을 하다가 혜림사(慧林寺)에 도착하였습니다. 객실은 차고 썰렁하였습니다. 스님은 법당에 계신 목불을 아궁이에 넣고 불을 지펴 방을 따뜻하게 하였습니다.

다음 날 새벽 원주 스님이 예불을 드리려고 법당에 들어갔는데 법당에 계신 부처님이 보이지 않았습니다. 원주 스님은 부처님을 찾으러 이곳저곳을 다니다가 어제 온 객 스님이 아궁이에 목불을 활활 태우고 있는 것을 보고 단하 스님을 불렀습니다.

원주 스님이 말하기를 "법당에 있는 부처님을 보았습니까?"라고 물으니 단하 스님이 대답하기를 "예, 보았습니다" 라고 하였습니다. 원주 스님이 묻기를 "어디 있습니까?"라고 물으니 단하 스님이 "추워서 아궁이에 넣었습니다"라고 하였습니다. 원주 스님이 화난 목소리로 "정신이 있는 놈이냐, 왜 부처님을 태웠느냐?"라고 하니 단하 스님이 답하기를 "부처님이라면 사리가 있을 터인데"라고 답했습니다.

원주 스님이 "목불에 무슨 사리가 있겠느냐?"라고 하니 단하 스님이 "사리가 없다면 어찌 부처라고 할 수 있겠습니까?"라고 하니 원주 스님과 대중 스님들은 아무런 말도 하지 못하였습니다.

오늘날 이교도들이 불상을 훼손하는 경우가 종종 뉴스와 신문을 통하여 보도되고 있습니다. 하지만 단하 스님께서 불상을 훼손하는 것과는 같다고 할 수 없을 것입니다.

선종에서 부처를 죽이고 조사를 죽인다는 뜻을 잘 알지 못하기 때문입니다. 이러한 뜻은 생각이나 이해로 알 수 있는 것이 아닙니다.

삼조승찬 (三祖僧璨)

꽃과 종자가 비록 마음땅을 의지하여
마음땅을 의지하여 종자에서 꽃이 피도다
만일 사람이 종자를 심지 아니하면
땅에 꽃이 핌이 없도다

화종 수인지 (華種 雖因地)
종지 종화생 (從地 種華生)
약무 인하종 (若無 人下種)
화지 진무생 (華地 盡無生)

※삼조승찬 : 승찬 조사는 전생이 인도 제 17조 승가난제이며,
죽어서 조주 땅에 태어난다고 했다.

천년산수만행도 8

마음도 아니고 부처도 아니다

우리가 항상 사용하는 이 '마음'을 우리는 '마음'이라고 합니다. 하지만 '마음'은 정해진 모양도 없고 이름도 정할 수 없습니다. 언제부터 '마음'이라는 이름이 붙여졌을까요?

어느 스님이 당나라 때 유명한 마조도일(馬祖道一 709~788) 선사를 찾아가 묻기를 "부처가 어떤 것입니까?"라고 하니 마조 선사께서 답하시기를 "마음도 아니고 부처도 아니니라"라고 하셨습니다.

이러한 문답을 머리로 헤아려 알려고 하거나 이해 할 수 없는 사람들은 선사들은 동문서답(東問西答), 즉 동쪽을 묻는데 동쪽을 답하지 않고 서쪽을 답한다고 합니다. 하지만 선사들은 동쪽을 물으면 정확히 동쪽을 답하고, 서쪽을 물으면 정확히 서쪽을 답합니다.

이와 같은 답을 주관적이나 객관적인 입장에서 보면 답을 찾을 수 없지만 주관과 객관이 요동치지 않는, 즉 생각이 끄떡거리지 않는 정진 상태만 유지하더라도 '이것이다, 저것이다'라는 흑백의 논리가 맞지 않는다는 것을 알 수 있을 것입니다.

개에게도 불성이 있습니까?

부처님께서 보리수 아래에서 깨달음을 얻으시고 말씀하시기를 "모든 중생들에게 불성이 있거늘 망령된 생각으로 말미암아 알지 못하는구나!"라고 하셨습니다.

어느 스님이 조주종심 선사를 찾아가 여쭙기를 "개에게도 불성이 있습니까?"라고 하니 조주 선사께서 답하시기를 "없다"라고 하셨습니다.

부처님께서는 모든 중생들에게 불성이 있다고 하셨는데 왜 옛 부처라고 불리는 고불(古佛 : 조주 선사)께서는 '개에게는 불성이 없다'고 하셨을까요?

왜? 없다고 했는지, 의심하고 의심하여 분별 망상이 요동치지 않는 일념에 사무쳐 화두가 박살이 나야만 알 수 있을 것입니다.

평상平常의
마음이 도

우리는 항상 눈 뜨고 감을 때까지 손과 발을 움직여 생활을 하지만 정작 손발을 움직이는 주인공을 알지 못합니다.

어떤 이는 이것이 '나'라고 하지만 이 '나'라는 존재가 입인지, 눈인지, 손인지, 발인지 만약 입과 눈과 손과 발이라면 죽은 송장도 입과 눈과 손과 발이 있지만 몸을 끌고 다니지 못합니다.

몸을 끌고 다니는 이 주체는 어떤 물건일까요? 어떤 이는 이를 주인공이라 하고, 어떤 이는 이를 도적놈이라 하는데 직접 정진해서 알지 못하면 먼저 말씀하신 이를 믿어야 할지, 뒤에 말씀하신 이를 믿어야 할지 알지 못합니다.

남전보원(南泉普願 748~834) 선사에게 조주(趙州 778~897) 스님
이 물었습니다.

"어떤 것이 도입니까?"

남전 선사께서 답하기를 "평상심이 도(道)니라"고 하였습니다.

왜! 우리는 평상시에 손과 발을 사용하여 일상생활을 하는 이 주
인공을 알지 못하는 것일까요?

고양이 목을 베다

부처님의 가르침을 잘 배우려면 불·법·승(佛法僧) 삼보(三寶)에 귀의하고 계율(戒律)을 잘 지켜야 합니다. 불교의 계율 첫 번째가 불살생(不殺生)으로 생명을 죽이지 말라는 것입니다.

아래의 이야기는 대중들을 깨우치게 하기 위하여 부득이 생명을 죽이는 법문입니다.

당나라 때 남전보원(南泉普願 748~834) 선사가 계신 도량에 동쪽 선방(禪房 : 참선 하는 곳)과 서쪽 선방이 있었습니다. 동쪽 선방을 동당이라 하고 서쪽 선방을 서당이라 하였습니다.

선방 근처에 쥐가 많이 있었는데 고양이 한 마리가 동당 선방에 오면 동당 선방이 조용하고 서당 선방에 오면 서당 선방이 조용했습니다.

동쪽 서쪽의 스님들은 그 고양이를 서로 자기 고양이라고 주장하여 시비가 벌어지게 되었습니다.

이 사실을 알게 된 남전 선사께서 어느 날 법문을 하시는 날, 법상에 올라 그 고양이를 들고 말씀하시기를 "이 고양이가 동당 고양이인가? 서당 고양이인가? 만약 바르게 이르지 못하면 이 고양이를 두 동강 내 버릴 것이다"라고 하였는데 아무도 이르지 못하자 고양이를 두 동강 내었습니다.

얼마 후에 출타 하셨다가 돌아오는 조주 스님에게 남전 선사께서 이 일을 물었습니다. 조주 스님은 신발을 머리 위에 이고 나갔습니다. 남전 스님은 스스로 말씀하시기를 "만약 네가 있었더라면 고양이를 살릴 수 있었을 텐데"라고 하였습니다.

불교에서 살생을 한다는 것은 아주 큰 중죄를 짓는 것입니다. 우리는 일상생활 가운데 많은 생명체를 죽이는 것을 알지 못하고 살아갑니다. 우리가 살기 위해 어떠한 생명체가 죽어도 괜찮다는 사고는 아주 위험한 것입니다.

위의 사례는 스님 스스로 살기 위해서가 아니라 많은 대중들의 시비 분별을 끊게 하기 위한 것으로 대를 위하여 소를 희생한 것이라 할 수 있습니다.

나무아미타불!

사조도신 (四祖道信)

꽃씨에는 태어나는 성질이 있으니
마음땅을 인하여 꽃이 피고 종자가 생기도다
큰 인연으로 더불어 성품에 화합하면
나지만 이 남은 나지않는 것이다

화종 유생성 (華種 有生性)
인지 화생생 (因地 華生生)
대연 여성합 (大緣 與性合)
당생 생불생 (當生 生不生)

앉아서 부처가
될 수 있는가?

참선은 행주좌와 어묵동정(行住坐臥 語默動靜)에도 정진할 수 있는 수행법입니다. 아래의 이야기는 좌선을 잘 하는 한 수행자에게 앉아만 있는 것에서 벗어나 성품을 볼 수 있게 인도하는 스승의 모습을 보여 줍니다.

중국 당나라 때 마조도일(馬祖道一 709~788) 스님은 속성은 마(馬) 씨이며, 한주사천성십방현(漢州四川省什方縣) 출신입니다.

도일 스님은 절구통 수좌로 앉아서 정진을 하는데 아주 유명하였다고 합니다. 마조 스님은 회향 선사가 있는 전법원(傳法院)에 들어가 정진을 하고 있었는데 회향 선사께서 기왓장 조각을 들고

도일 스님이 앉아 있는 옆에 가서 기왓장을 갈고 있었습니다.

도일 스님은 정진을 하다가 기왓장 가는 소리에 옆을 돌아보았습니다. 회향 선사께서 바닥에 기왓장을 갈고 있는 모습을 보고 회향 선사에게 물으시기를 "스님, 지금 뭘 하고 계십니까?"라고 하니 회향 선사께서 "어, 이 기와 조각으로 거울을 만들려고 하네"라고 말씀을 하셨습니다.

도일 스님은 회향 선사께서 정진하는 선방에 들어와 기왓장 가는 것도 이해 할 수가 없는데 기왓장으로 거울을 만든다고 하니 더욱 이해가 되지 않았습니다.

그래서 또 묻기를 "그 기와로 어떻게 거울을 만들 수 있겠습니까?"라고 하니 회향 선사께서 "자네는 앉아서 무엇을 하는가?"라고 되물었습니다. 도일 스님이 답하기를 "예, 저는 부처가 되려고 합니다"라고 하였습니다.

회향 선사께서 "어찌 앉아서 부처가 될 수 있단 말인가?"라고 물으니 도일 스님은 "그러면 어떻게 하면 부처가 되겠습니까?"라고 여쭈었습니다.

회향 선사께서 말씀하기를 "만약 소 수레에 멍에를 채워 수레가 가지 않으면 채찍으로 수레를 쳐야 옳은가? 소를 쳐야 옳은가?"라고 물었습니다.

도일 스님은 아무런 말도 하지 못하자 회향 선사께서 다시 말씀하기를 "그대는 좌선(坐禪)하는 것을 배우는가? 앉아 있는 부처를 배우는가? 좌선을 배운다고 한다면 선(禪)은 앉거나 눕는데 있지 않으며 앉아 있는 부처를 배운다고 하면 부처님은 어떠한 모양이 아니거늘 머묾이 없는 법에서는 응당 취하거나 버리지 않아야만 한다.

그대가 앉은 부처를 찾는다면 부처를 죽이는 것이며, 앉은 모습에 집착을 한다면 그 이치를 깨닫지 못하는 것이다"라고 하자 마조 스님은 즉시에 깨달음을 얻었습니다.

천년산수만행도 2

어느 곳에
점을 찍겠습니까?

중국 선종의 여섯 번째 조사 육조혜능 선사는 '본래무일물(本來無一物)', 즉 본래 한 물건도 없다는 게송을 남겼습니다.

육조혜능 선사는 출가 전 박식한 사람도 아니었고 출가한 스님도 아니었습니다. 단지 길에서 금강경 읽는 소리만 듣고 만물의 근원인 본성을 깨달은 분입니다.

반면 금강경의 대가인 덕산(德山 782~865) 스님은 별칭 주금강(周金剛)이라고 불리었는데 금강경을 해석하여 주를 달만큼 박식(博識)하였다고 합니다. 덕산 스님은 남방에 선이 융성하다는 말을 듣고 이것을 금강경의 논리로 부수고자 남방으로 갔습니다.

덕산 스님은 남방의 훌륭한 선사 용담숭신(龍潭崇信 782~865) 선사가 계신 용담선원(龍潭禪院)에 도착하였습니다. 마침 공양 때가 지나 절 입구에 떡을 파는 노 보살님에게 갔습니다. 덕산 스님은 배가 고파 떡을 사먹으려는데 노 보살님이 덕산 스님에게 "스님, 그 걸망 속에 있는 것이 무엇입니까?"라고 물으니 덕산 스님이 대답하시기를 "예, 이 걸망에는 금강경론을 해석한 금강경소(金剛經疏)가 있습니다"라고 하니 노 보살님이 "스님, 그 금강경에 대해서 궁금한 것이 있는데 그것을 말씀해 주시면 떡을 드릴 수 있지만 말씀을 하지 못하면 떡을 드리지 않겠습니다"라고 하였습니다.

덕산 스님은 스스로 생각하시기를 '금강경이라면 앞뒤로 다 외울 수도 있고 해석에도 문제가 없으니 아무런 문제가 없을 것이다'라고 생각을 하며 말씀하시기를 "금강경이라면 어느 구절을 물으셔도 괜찮습니다. 어느 곳이 궁금하십니까?"라고 하니 노 보살님이 "금강경에 과거심불가득(過去心不可得 : 과거의 마음을 얻을 수 없고)이요, 현재심불가득(現在心不可得 : 현재의 마음도 얻을 수 없으며)이요, 미래심불가득(未來心不可得 : 미래의 마음

도 얻을 수 없다)이라는 구절이 있지 않습니까? 그 구절 중에 스
님은 어느 곳에 점을 찍으시겠습니까?"라고 물으니, 덕산 스님은
답을 하지 못하고 떡도 먹지 못하였습니다.

이와 같이 만물의 근원인 참 나의 성품은 경전을 많이 알고 있다
고 해서 알 수 있는 것도 아니며, 많은 지식이 있다고 해서 알 수
있는 것이 아니라는 것을 여실히 증명해 주고 있습니다.

오조홍인 (五祖弘忍)

유정이 종자를 뿌리면
마음땅에서 종자가 도리어 생기도다
무정은 이미 종자가 없는지라
성품도 없고 또한 태어남도 없네

유정 래하종 (有情 來下種)
인지 과환생 (因地 果還生)
무정 기무종 (無情 旣無種)
무성 역무생 (無性 亦無生)

꽃을 들고 웃다

부처님의 가르침은 달을 가리키는 손가락이라고 한다면 달과 손가락은 확실히 다릅니다. 손가락과 달을 잘 구분해야 함에도 불구하고 어떤 이는 달을 보지 않고 손가락만 보고 있습니다.

부처님께서 법화경을 설하셨던 영취산에 꽃비가 내리고 있었습니다. 부처님께서는 아무런 말씀을 하지 않으시고 허공에서 내리는 꽃을 하나 들어 대중에게 보이셨습니다.

대중들은 의아해하며 이해를 하지 못하였는데 마하가섭은 이 도리를 알고 방긋이 미소를 짓자 부처님께서 말씀하시기를 "나에게 정법안장(正法眼藏)과 열반묘심(涅槃妙心)이 있는데 이것을 마하가섭에게 전하노라"고 하셨습니다.

이러한 이치는 바른 수행을 통하여 본래의 참 모습을 보아야만
이해할 수 있을 것입니다.

부쳐는 면비 대나무 피리
노래는 본정 저졌에서
흘러 나온다 속되신인

어떻게 하면 참선을 배울 수 있습니까?

처음으로 참선을 배우려는 사람들은 몸과 마음의 바른 자세를 유지하는 연습을 꾸준히 해야 합니다. 하루에 1분씩이라도 실천할 수 있는 힘과 믿음이 갖추어지면 선지식을 친견하여 화두를 받아야 합니다. 화두를 받은 다음 더욱 더 열심히 정진을 해야 합니다.

만약 선지식을 친견하고 화두를 받고도 정진이 잘 되지 않는다고 생각하는 사람들은 몸과 마음의 기본 자세가 바른지 스스로 점검해 보기 바랍니다.

어느 때 선원에 새로운 불자님이 오셨습니다. 새로 오신 불자님이 "참선을 배우고 싶은데 어떻게 하면 참선을 배울 수 있습니까?"라고 물었습니다. 제가 "예, 참선을 하려면 선지식을 친견하고 화두를 받아야 됩니다"라고 하였습니다.

새로 오신 불자님은 나름대로 책을 보고 참선을 하고 있다고 하였습니다. 참선을 하시는 사람들 중에 선지식을 친견하지도 않고 화두도 없이 정진을 하는 사람들도 있을 것입니다.

참선을 배우려고 하는 사람들은 먼저 선지식을 친견하고 어떻게 하면 참선을 배울 수 있는지 문의하고 가까운 시민선원이나 대중이 모여 정진할 수 있는 곳에서 정진을 하는 것이 좋습니다.

스스로 정진을 하는 것도 좋지만 처음부터 혼자 정진을 하는 것은 나태해지고 느슨해지기 쉬우며 오랫동안 정진을 하더라도 힘을 얻기 어려울 것입니다.

앞에서 말씀드린 바와 같이 참선 정진을 하는 사람들은 몸과 마음의 바른 자세를 잊지 않도록 노력해야 합니다.

부설거사 사부시 (浮雪居士 四浮詩)

아름다운 글재주와 혼을 빼는 말솜씨
천편의 시경 재주, 만호후의 권력
여러 생에 걸쳐 남보다 내 잘난 것만 더욱 키울 뿐
생각하고 헤아리면 이 모두 헛된 뜬 거품이로다

금심수구 풍뇌설 (錦心繡口 風雷舌)
천수시경 만호후 (千首詩經 萬戶侯)
증장다생 인아본 (增長多生 人我本)
사량야시 허부구 (思量也是 虛浮漚)

이 뭣꼬?

해발 1,430m 가야산 해인사는 제가 출가한 곳입니다.

오탁악세(五濁惡世)의 부정부패(不正腐敗)와 비리를 해결해 보겠다는 의지로 출가 하였습니다.

저의 부모님의 고향은 경남 합천군입니다. 부친은 가회면 구평리, 모친은 가회면 연동리에서 태어나셨고, 저는 경남 거창군 거창읍 금천동에서 태어났습니다.

거창에서 초등학교를 마치고 인천으로 상경하였습니다. 인천에 처음 거주한 곳은 송림시장 근처였습니다. 버스로 몇 정류장만 지나면 송담 대선사님이 계신 용화사가 있는 곳이었습니다.

조용한 시골 생활과는 달리 도시생활은 바쁘게 움직이고 있었습니다. 저는 학교 공부보다 현장에서 부딪쳐 경험하는 것이 좋다고 생각하여 9년 동안 열심히 살긴 살았는데 특별히 무엇을 하였는지 남는 것도 없이 세월만 보냈습니다.

세상은 불안정하고 말세니 종말이니 어떻게 하면 좋을지 막연한 상황에 제 스스로 특별한 능력이 있어야겠다는 생각에 산속에 들어가 힘을 한번 길러서 세상을 정화해야겠다고 결심을 하여 부모님의 고향인 경남 합천으로 돌아와 1988년 3월초 가야산 해인사로 출가하였습니다.

해인사 행자 때 모든 소임을 마치고 취침 전에 30분씩 좌선을 하는 시간이 있었습니다. 좌선을 할 때 자세가 쳐지거나 졸기만 하면 경책을 맡은 행자님이 긴 죽비로 어깨를 사정없이 내려칩니다. 경책을 할 때 죽비가 몇 개씩 부러지는데 죽비 부러지는 소리에 잠은 어디론가 사라집니다.

참선을 할 때 화두를 들고 한다는데 화두가 뭔지, 뭘 들고 하는지 초보 행자 시절엔 소임 볼 시간도 빠듯하였습니다. 화장실 가는 시간이 유일한 나만의 시간이고 볼일이 끝나고 소임을 제대로 보지 않으면 300배나 500배, 1,000배의 경책이 기다리고 있고 3,000배의 경책을 받은 행자님은 거의 속퇴(俗退 : 속가로 돌아감)하는 상황입니다.

저는 해인사 큰 절 행자생활을 하면서 원당암 혜암 큰스님께 화두를 받으러 갔는데 '이 뭣꼬'를 하라고 하셨습니다.

그런데 무엇이 '이 뭣꼬'인지 '이 뭣꼬'가 뭔지 아주 더 복잡했습니다. 화두가 헷갈리고 뭐가 뭔지도 몰라서 다시 원당암 혜암 큰스님을 친견하고 화두하는 법을 여쭈었는데 '이 뭣꼬'만 하라고 하셨습니다.

저는 그 이후로 화두에 인연이 없다고 생각하였습니다. 그래서 미국, 일본 등을 돌아다니다 1993년에 한국으로 돌아와 일본에서 세민 큰스님을 만난 인연으로 독경 녹음을 생각하게 되었습니다.

얼굴이나 외형으로는 불자님들에게 신심을 내게 할 만한 인물은 안 되지만 내 음성을 듣는 이로 하여금 보리심을 내어 사바의 윤회고를 벗어나게 해 달라는 원력을 세워 동화사 대불에서 기도를 시작하였습니다.

열심히 기도를 하여 만든 첫 번째 테이프는 일반 독경 테이프가 아닌 「초발심자경문」 내레이션이었습니다. 이 테이프를 완성하여 가끔씩 오시는 동화사 조실 큰스님을 찾아뵙게 되었습니다.

예전부터 우리나라 선맥(禪脈)에 '남 진제, 북 송담'이라는 말을 들어왔지만 직접 친견하게 된 것은 이때가 처음이었습니다.

'남 진제, 북 송담'은 남쪽에는 진제 대선사와 북쪽에 송담 대선사라는 뜻입니다. 나는 동화사 조실이신 진제 대선사님이 오시는 날 인사를 드리러 갔습니다. 인사를 드리고 그냥 나오기가 뭔가 아쉽다는 생각에 "조실 큰스님 한 가지 여쭈어 봐도 되겠습니까?"라고 물었는데 큰스님께서 "해봐라!"고 하셨습니다.

제가 묻기를 "저는 평소에 자연처럼 살려고 노력하는데 이렇게 살면 도(道)와 멀어지지 않겠는지요?"라고 했습니다. 조실 큰스님께서 "아이다"라고 말씀을 하셨습니다. 또 묻기를 "저는 신적인 음성으로 듣는 이로 하여금 보리심을 내게 하여 이렇게 조용히 살면 도(道)와 멀어지지는 않겠지요"라고 물었는데 조실 큰스님께서 "염불해서 견성할 수 없다"고 하였습니다.

그 말씀 이후에 '조사서래의(祖師西來意)'라는 화두를 말씀을 하셨는데 "달마 스님이 인도 사람인데 중국에 왔거든…"라고까지 듣고 더 이상 듣고 싶은 생각이 나지 않고 밖으로 나가야겠다는 생각 외에 다른 생각이 나지 않았습니다.

저는 염불해서 견성할 수 없다는 남쪽을 대표하는 남 진제(남쪽의 진제 대선사) 선사가 나를 무시하는 것은 이해할 수 있지만 「정토삼부경」에 염불하면 극락에 갈 수 있다는 사실을 왜 부정하는지 이해가 가지도 않았고, 도인이라는 믿음이 가지 않아 그날부터 기도고 염불이고 아무것도 하고 싶지 않았습니다.

저는 노스님들이 쉬고 계시는 서별당 마루에 앉아 불신으로 가득한 마음으로 멍청히 몇 시간을 시간 가는 줄 모르고 있었습니다. 바른 화두는 아니었지만 자연과 더불어 사는데 왜 도(道)와 가까이 갈 수 없는지, 염불하면 극락에 갈 수 있다는 사실을 왜 부정하시는지, 그렇게 몇 시간을 보내다보니 나의 부정적인 사견(私見)이 사라지면서 큰스님 방문을 나올 때 듣고 싶지 않았던 조사서래의(祖師西來意)가 머릿속에서 생각나기 시작하였습니다.

"달마 스님이 인도 사람인데 중국에 왔거든 어떤 스님이 어째서 달마 스님이 인도에서 중국으로 왔냐고 물었는데 조주 스님이 '뜰 앞에 잣나무'라고 했거든, 왜 '뜰 앞에 잣나무'라고 했는지 이걸 한번 해 보지."

나의 잘못된 소견이 사라지고 나니 왜 '뜰 앞에 잣나무'라고 했는지, 보고 듣고 지각하는 이것이 무엇인지 '이 뭣꼬'가 되기 시작하였습니다.

육조혜능 (六祖慧能)

마음땅에 모든 종자가 있어
비가 널리 내리면 두루 싹이 나느니라
몰록 깨달아 꽃의 정이 다하면
보리의 열매는 스스로 이루리라

심지 함제종 (心地 含諸種)
보우 실개생 (普雨 悉皆生)
돈오 화정이 (頓悟 華情已)
보리 과자성 (菩提 果自成)

무재주가 상팔자여!

비슬산 1,083m 아래 달성군 현풍면에 위치한 도성암은 신라 흥덕왕(興德王 신라 42대왕) 2년 827년에 도성 대사(道成大師)가 창건하였습니다.

때는 1989년 하안거가 끝난 산철(해제철)에 가득 채워진 걸망을 메고 현풍 버스터미널에서부터 마을을 지나 유가사, 수도사를 거쳐 산을 오르기 시작하였습니다.

더위가 가지 않은 8월 막바지에 비지 같은 땀을 흘리며 이번 산철에 끝내 보겠다는 다짐을 하고 도성암으로 향하였습니다.

도성암에 올라 법당에 가서 부처님께 인사를 드리고 원장과 주지 소임을 겸직한 승찬 노스님께 인사를 드렸습니다.

짐을 풀고 방사를 정하여 부지런히 여기저기 다니며 열심히 일을 하고 있는데 승찬 노스님께서 불렀습니다.
"수좌, 수좌"
저는 "예"하며 노스님이 계신 곳으로 달려갔습니다.

그곳으로 가니 노스님께서는 "수좌, 무재주가 상팔자여!"라고 하시기에 나는 "재주가 없으면 어떻게 먹고 살겠습니까?"라고 하였는데 노스님께서는 아무런 말씀도 하지 않았습니다.

그때는 그 말씀이 이해도 가지 않았지만 선방생활을 하면서 잘난 체하거나 아는 체하는 것은 정진하는데 아무런 도움도 되지 않을 뿐더러 피곤만 쌓이게 된다는 것을 알게 되었습니다.

화두는 선지식에게 받아야 합니다

어느 날 정진을 하는 보살님께서 묻기를 "스님, 참선을 할 수 있게 화두 하나 주십시오"라고 하였습니다. 제가 "보살님, 화두는 아무나 주는 게 아니라 선(禪)에 안목이 있는 선지식에게 받아야 합니다"라고 하였습니다.

참선(參禪)을 하시는 사람들은 화두를 받을 때 선에 안목이 있는 스님에게 화두를 받지 않고 정진을 하신다면 오랫동안 정진을 하여도 아무런 소용이 없을 것입니다.

단박에 깨달음

참선은 '일초즉입여래지(一超卽入如來地)', 즉 한 번에 여래의 경지로 들어갈 수 있다는 뜻입니다. 참선이 한 번에 여래의 경지로 들어갈 수 있다고 그냥 바로 되는 것은 아닙니다.

어느 불자님께서 묻기를 "단박에 깨닫는 것이 참선이라고 하는데요. 참선을 한 지 10년이 넘었는데 왜 단박에 깨치지 못합니까?"라고 하였습니다.

제가 답하기를 "좋고 나쁜 생각이 요동치지 않는 상태에서 단박에 깨칠 수 있지만 좋고 나쁜 생각에 요동치는 상태에서는 20년이 넘어도 단박에 깨달을 수 없습니다"라고 하였습니다.

단박이란 시간적인 단박이 아니라 방법론적입니다. 오랫동안 많은 정진을 한다고 하더라도 좋고 나쁜 생각이 요동치지 않을 때 본래의 성품을 보아야 하는데 좋고 나쁜 생각이 요동을 칠 때 무엇을 알았다고 하는 것은 인식 수준이며 식견의 범위를 벗어나지 못합니다.

정진력으로 하세요

참선이나 그밖에 다른 정진을 하면서 약이나 아주 좋은 차를 마시고 정진을 하는 사람도 있을 것입니다. 그렇게 정진을 하다보면 약이나 차가 없으면 정진을 할 수 없는 경우가 생길 것입니다.

꼭 필요해서 한두 번 드시는 것은 그렇다 치더라도 계속 같은 행위를 반복하다 보면 중독성을 면하기 어렵습니다. 정진은 정진력으로 이겨내야 합니다.

경허성우 (鏡虛惺牛)

문득 콧구멍 없다는 소리에
삼천대천세계가 내 집임을 깨달았네
유월 연암산 아랫길에
일 없는 들사람 태평가를 부르네

홀문인어 무비공 (忽聞人語 無鼻孔)
돈각삼천 시아가 (頓覺三千 是我家)
유월연암 산하로 (六月燕巖 山下路)
야인무사 태평가 (野人無事 太平歌)

지극한 도는 어렵지 않다

중국 선종(中國 禪宗)의 3조(三祖) 승찬(僧璨 大師 ?~606) 대사의 「신심명」첫 구절에 '지도무난(至道無難) 유념간택(唯嫌揀擇)' 이라는 말이 있습니다. 지극한 도는 어렵지 않은데 오직 간택함을 꺼릴 뿐이라는 뜻입니다.

지극한 도는 어렵지 않은데 쓸데없이 따지고 분별하기에 도를 알기 어렵다는 것입니다.

참선을 하는 사람들이 왜 쓸데없이 따지고 분별할까요? 그것은 큰 발심과 큰 신심을 내지 않아서 그렇다고 볼 수 있을 것입니다.

큰 발심과 큰 신심을 낸 사람은 쓸데없는 곳에 가라고 해도 가지 않고 분별하라고 해도 분별할 시간이 없을 것입니다.

참선을 배워 참 나를 알고자 하는 사람들은 연어가 고향을 향하는 마음처럼 필사적인 힘을 아끼지 말아야 합니다.

연어가 산란기가 되면 바다에서 민물인 고향으로 돌아가는데 가는 도중에 물살을 거슬러 오르다가 다치기도 하고 때로는 돌부리에 부딪혀 죽기도 합니다.

또한 도중에 사나운 짐승들에게 잡아 먹히기도 하는 아주 위험한 상황이 곳곳에 도사리고 있음에도 불구하고 민물인 고향으로 향하는 마음을 포기하지 않습니다.

참 나를 찾으려고 하는 사람들은 연어가 고향을 향하는 마음처럼 어렵고 힘든 상황에 부딪히더라도 포기하지 말아야 합니다.

화두가
잘 안 되는데요?

큰 스님께 화두를 받고 정진을 하던 불자님이 어느 날 저에게 물었습니다. "스님, 화두가 잘 안 되는데요?"라고 하기에 대답하기를 "열심히 정진하면 화두가 순일해집니다"라고 하였더니 불자님은 "열심히 해도 잘 되지 않는데요?"라고 다시 되물었습니다.

제가 말씀드리기를 "열심히 하는데 잘 되지 않을 수가 없습니다. 열심히 하지 않으셔서 잘 되지 않는 것입니다. 참선을 하려면 기본적인 몸과 마음이 바른 자세를 유지하고 화두를 제대로 챙겨야 되는데 기본적인 몸과 마음이 바른 자세를 유지하지도 않고 다른 일에 신경을 써서 화두도 잘 되지 않는 것입니다"라고 말씀을 드리니 불자님은 "예, 알겠습니다"라고 하였습니다.

선지식을 친견하고 곧바로 화두가 되지 않는다고 참선 정진을 포기하는 사람들이 있는 것 같습니다. 모든 일이 처음부터 되는 일은 거의 없습니다.

참선은 고속도로를 달리는 것과 같아 처음부터 고속도로를 달리는 것은 위험합니다. 등산을 해 본 적이 있다면 처음부터 너무 높은 산을 오르는 것은 무리일 것입니다.

하루에 한번이라도 제대로 화두를 참구하는 참선을 한다면 여타의 정진보다 수승하다는 것을 알 수 있을 것입니다.

여타의 정진은 생각이 앞뒤로 나아가지만 참선은 생각이 앞뒤로 나아가지 않는 상태에서 참 나를 깨닫는 수행이기에 처음에는 힘이 좀 들 수도 있지만 제대로 꾸준히 정진한다면 시간이 지날수록 힘이 들지 않을 것입니다.

말 나오기 전에
참 소식을 일러봐라

저는 정진을 하면서 한 시간에 화두를 끊어지지 않게 이어져 본
적이 없는 어느 날, 화두가 한 시간을 끊어지지 않고 이어졌습니
다. 그렇게 한 시간이 다음 두 시간으로 이어졌고 세, 네 시간 반
나절 하루 이틀 삼일 일주일이 이어진 어느 날, 사시 공양이 끝난
후에 저는 부산 해운정사 조실 스님을 친견하였습니다.

저는 나름대로 저의 견처를 드러냈으나 조실스님은 "아이다"라
고 하였습니다. 그 다음 날도 친견하였으나 "아이다"라고 하였습
니다. 삼일 째 되는 날도 친견하였으나 "아이다"라고 하여 조실
스님에게 믿음이 떨어져 어디를 찾아가야 할지 고민한 끝에 백양
사 방장이신 서옹 큰스님을 친견해야겠다는 결심을 하고 아침부

터 백양사 서옹 큰스님을 모시는 시자실에 전화를 하였습니다.

전화를 받은 시자 스님은 다행히 예전에 백양사 강당 한 해 윗 반인 호산스님이었습니다. 나는 먼저 "스님, 나 정우(금봉)요"라고 하자 호산 스님은 "아! 오랜만이여. 어쩐 일이여?"라고 하였습니다. 내가 "요즘 정진을 하다가 조그만 견처가 생겨서 큰스님을 친견했으면 하는데 가능하겠습니까?"라고 하자 호산 스님은 "큰스님 건강이 안 좋으셔서 날이 좋으면 2시에서 4시까지 밖에 친견이 안 됩니다"라고 하였습니다. 나는 "오늘 올라가서 날이 좋은 날 기다렸다가 친견하면 안 되겠습니까?"라고 하자 호산 스님은 "그렇게 하세요"라고 하였습니다.

그날 아침 날이 흐렸고 나는 부산에서 7시에 출발하여 백양사에 11시 반쯤 도착하여 공양을 마치고 시자실로 가서 호산 스님을 만나 차 한 잔 하고, 12시 반쯤 되자 날이 맑아지기에 나는 호산 스님에게 "오늘 날도 괜찮은 것 같은데 친견 좀 합시다"라고 하자 호산 스님은 "한번 봅시다"라고 하시면서 큰스님 방으로 들어가시더니 한참 후에 큰스님을 모시고 큰방으로 오셨습니다.

저는 큰스님께 삼배를 올리고 저의 소견을 말씀을 드리자 큰스님께서 조그만 막대기로 탁자를 치시면서 "요, 도둑놈 봐라?"라고 하셨습니다.

저는 "악"하고 고함을 지르자 큰스님께서 또 다시 막대기로 탁자를 치시면서 "야! 야! 이놈 너는 내가 힘만 있으면 맞아 죽었어"라고 하셨고, 저는 "이 몸이 헛것인데 어디를 때릴 거요?"라고 하니 다시 막대기로 탁자를 치시면서 "야! 야! 이놈아, 말 나오기 전에 참 소식을 일러봐라?"고 하시는데 저는 무엇을 알았다고 자신만만하던 기세가 갑자기 꺾이고 말 나오기 전에 참 소식을 일러보지도 못하고 입은 굳게 닫히고 벙어리가 되고 말았습니다.

입을 열지 못하고 벙어리가 된 상태의 정진, 이것이 화두 정진의 기본인데 뭘 알았다고 했는지, 뭘 알려고 했는지 바보 같은 나의 옛 모습에 부끄럽고 죄송하기만 하였습니다.

저는 백양사로 오기 전 해운정사의 조실 스님께서 왜 "아이다"라고 하셨는지 참 대단한 분이라고 생각하며 다시 부산 해운정사로 돌아가면서도 서옹 큰스님의 "말 나오기 전에 참 소식을 일러봐라?"라는 말씀이 가나 오나 앉으나 서나 잊혀지지 않았습니다.

혼침이 생기는 이유

정진을 하다보면 혼침(昏沈 : 잠)이 오는 경우가 있습니다. 혼침이 오는 경우는 화두에 집중을 하지 못하거나 허리를 바로 펴지 못할 때 생기게 됩니다.

이럴 땐 엉덩이를 뒤로 빼고 가슴을 앞으로 내밀어 허리를 반듯이 세우면 눈이 뜨이면서 혼침이 사라지게 됩니다.

허리만 **빳빳**하다고
되는 게 아니다

1995년 해운정사 금모선원 하안거 때 몸을 기울이지 않는 상태와 부동의 상태가 유지되어 사시 공양을 마치고 조실 스님을 친견하였습니다.

제가 조실 스님께 묻기를 "조실 스님 제가 몸이 흔들리지 않는 부동의 상태를 유지하여 모든 게 헛것임을 알았습니다"라고 하자 조실 스님께서 "허리만 **빳빳**하다고 되는 게 아니다"라고 하셨습니다.

그 말을 듣는 순간 지금까지 유지되었던 힘들이 쑥 빠지면서 어떻게 해야 될지 눈앞이 깜깜해지기 시작하였습니다.

그 다음 날부터 저는 허리를 펴지 않고 정진을 하였습니다. 허리를 펴지 않고 정진을 하면 할수록 허리는 더욱 더 아팠습니다.

허리를 펴도 안 된다고 하시니 펴지도 못하고, 허리를 펴지 않으니 허리는 아프고 어찌 해야 될지 모르는 상황에 어느 날 조실 스님께서 49재 법문을 하시기 위하여 법상에 올라 법문을 하시면서 "정진을 할 때 자세가 발라야 되는구만"이라는 말씀에 다시 허리를 펴고 정진을 하면서 다시 그 상태를 유지하면서 '허리만 빳빳하다고 되는 게 아니다'라는 이유를 알게 되었습니다.

우리는 몸이 바르게 유지되어 정진하는 것도 쉽지는 않지만 마음도 바르게 유지하는 법은 모르고 있다는 것입니다.

마음을 올바르게 유지하려면 생각이 좋고 나쁜 시비 분별을 여의는 화두를 참구하지 않으면 안 된다는 것을 확실히 알게 되었습니다.

몸이 빳빳하다고 하는 것에 집착을 하지 말고 의식은 화두에 집중해야 합니다. 화두를 의심하고 의심하여 하루에 한 시간이 끊어지지 않게 하고 한 시간이 두 시간, 두 시간이 세 네 시간, 세 네 시간이 반나절, 반나절이 하루 이틀 삼일 일주일을 지속해야 합니다. 한 시간도 화두가 끊어지지 않게 정진을 하지도 못하면서 몸만 빳빳하여 움직이지 않음과 의식의 없음만을 주장하였던 것입니다.

만약 눈 밝은 바른 스승을 만나지 못하였다면 어떻게 이러한 병통을 고칠 수 있었을까요?

해인사 스님이
아니네요

지금의 포교원으로 이전하기 전에 도반 스님의 포교원을 맡아 운영할 때였습니다.

평소에 포교원 다니던 불자님이 제가 해인사 스님이라고 하니 해인사 백련암에 다니는 불자님과 함께 왔었습니다.

그때를 생각해 보니 해인사 백련암에 다니시는 불자님이 제가 해인사 포교원을 한다고 하니 해인사 스님인지 아닌지 확인 차 왔다는 생각이 듭니다.

때는 대략 1997년 지금의 포교원으로 옮기기 전 평소 다니던 불자님이 다른 보살님 두 분을 모시고 오셨습니다.

법당에 참배를 하고 종무소 옆 다각실(차 마시는 곳)로 처음 오신 불자님 두 분과 차를 한 잔, 두 잔 마셨습니다.

세 번째 차를 따르고 마시려 할 때 제가 처음 오신 불자님에게 말을 하였습니다. "보살님은 어느 절에서 무슨 정진을 하십니까?" 두 분 중 한 보살님이 "예, 백련암에 다니며 아비라 정진을 합니다"라고 하셨습니다.

저는 "아비라가 뭡니까?"라고 물었는데 뭔가 기다렸다는 듯이 "해인사 스님 맞으세요? 아비라도 모르면서 무슨 해인사 스님이라고"하면서 밖으로 나갔습니다. 그리고 그 다음 날부터 평소에 다니던 보살님과 같이 다니던 보살님들은 포교원에 나오지 않았습니다.

저는 분명히 해인사에서 출가했고 은사 스님도 해인사에 계신데 도대체 무엇이 해인사인지 알 수가 없어서 같이 행자생활 했던 도반이 해인사에 재무소임을 보고 있기에 도반에게 전화를 하였습니다. 저는 전화를 하여 먼저 말하기를 "스님은 아비라 아나?"라고 물었는데 도반은 "내가 아비라를 어떻게 알아"라고 하였습니다. 저는 곧 바로 도반에게 "스님도 해인사가 아니네"라고 하였습니다.

그래도 해인사에 대한 궁금증이 풀리지 않아 해인사 종무소에 전화를 하였습니다.

"여보세요. 해인사죠?"

"예, 말씀하세요."

"제가 해인사에서 출가 했는데요. 어떤 불자님이 해인사 스님이 아니라고 하시는데요. 어떤 스님을 해인사 스님이라고 합니까?"

해인사 종무소 직원이 답하기를 "승려증 번호에 해인사 12교구로 적혀 있는 것이 해인사입니다"라고 하였습니다.

저는 88년도 수계이니 12교구 12에 승려번호 앞자리 1288해인사니까 맞지 않는가요?

일반 불자님들은 불교에 대한 인식의 폭이 넓지 못할 수도 있을 것입니다. 불교의 핵심은 성철 큰스님께서도 말씀하신 바와 같이 마음 '심(心)' 자에 있다고 할 수 있습니다.

마음을 알려면 참 나를 참구하는 참선 정진을 해 보시지 않겠습니까?

어디로 갑니까?

제가 있는 시민선원에서 기초반을 모집을 하기 위해 '기초선원 모집'이라는 현수막을 달았습니다. 그로부터 며칠 뒤 한 통의 전화를 받았습니다. "여보세요! 00선원입니다"라고 하였는데 전화를 거신 거사님은 느닷없이 "어디로 갑니까?"라고 물었습니다.

제가 "어디로 가다니요?"라고 하였더니, 거사님은 "선원 모집한다고 해서 전화를 했는데 선원 모집하지 않습니까?"라고 하였습니다. 제가 "예, 모집합니다"라고 하였습니다. 거사님은 다시 "선원을 모집하신다니까 하와이나 멕시코로 갈 것이 아닙니까?"라고 해서 제가 "여기 선원에서는 하와이나 멕시코에 가는 게 아니고 참선을 하는 기초선원(基礎禪院)생을 모집합니다"라고 하였더니 그 거사님은 전화를 뚝 끊었습니다.

저는 참선을 하는 선원(禪院)을 모집한다고 하였는데, 전화를 하신 그 분은 배 타는 선원(船員) 모집으로 생각하고 전화를 하였던 것 같습니다.

배(船)에도 여러 종류의 배가 있을 것입니다. 그 배가 생계만을 유지하는 배일 수도 있고 야망의 배일 수도 있습니다. 우리는 참나를 찾아가는 배를 타 보시지 않겠습니까?

왜! 마지를 올리지 않습니까?

제가 있는 선원에서는 사시 공양은 입선(入禪)으로 공양을 올리고 방선(放禪)으로 공양을 내립니다. 새로 오신 불자님 한 분이 방선이 끝나고 공양을 내리자 "스님, 사시 마지(摩旨)를 올리지 않습니까?"라고 하였습니다.

제가 말씀드리기를 "여기는 입선, 방선으로 공양을 올립니다" 라고 하였는데 뭔가 이해를 할 수 없다는 듯이 고개를 갸우뚱하는 모습을 보고 다시 제가 말씀드리기를 "공양 중에 최고의 공양이 어떤 공양인지 아십니까?"라고 물었는데 새로 오신 불자님은 "예, 법공양이지요"라고 하였습니다.

제가 또 말씀드리기를 "예, 맞습니다. 우리가 법을 알고 법을 베푸는 법공양은 아니지만 법을 배워 공양을 올릴 수 있는 정진 공양도 일반적으로 올리는 예불 공양과 다르지 않습니다"라고 하였더니 새로 오신 불자님은 아무런 말씀을 하지 않았습니다.

식識이
몇 가지 있습니까?

어느 날 불자님 다섯 분이 선원에 오셨습니다. 한 불자님은 남쪽의 대 선지식인 진제 대선사님을 친견시켜 드리고 화두를 받고 정진을 하고 계셨지만 나머지 네 불자님은 큰스님을 친견하지 않았고 화두도 받지 않았습니다.

이 네 분도 큰스님을 친견하여 참선을 할 수 있길 원하여 선원에 오셨습니다. 새로 오신 불자님들과 차를 한잔 마시며 제가 보살님들께 먼저 물었습니다.
"보살님들은 어떤 정진을 하고 계십니까?"
보살님 중에 한 분이 대답하시기를 "예, 유식을 공부합니다"라고 하였습니다. 제가 또 묻기를 "식에는 몇 가지가 있습니까?"라고 물었는데 대답하기를 "여덟 가지가 있습니다"라고 하였습니다.

제가 말씀드리기를 "스님은 식이 두 가지 밖에 없다고 생각하는데요"라고 하자 보살님은 마음이 상했는지 돌아서 가려다가 "뭐가 두 갠데요?"라고 반문하였습니다.

제가 말씀드리기를 "제대로 정진하면 진식(眞識)이고 나머지는 망식(妄識)입니다"라고 하였더니 돌아서 가시려다가 표정이 환하게 바뀌어 이야기를 오랫동안 하였고 큰스님을 친견하고 화두도 받고 함께 정진을 하고 돌아갔습니다.

운명도 새롭게 바뀌어질 수 있습니다

새해가 되면 소수의 불자님들도 신수(身手)를 보는 사람들이 있습니다. 부처님께서는 사주와 점을 보지 말라고 하셨는데 사주와 점을 봐 주지 않으면 한해를 어떻게 보내야 할지 모르는 불자님이 계시는 것 같습니다.

신수를 잘 본다고 해서 타고난 운을 좋게 할 수는 없을 것입니다. 진찰을 잘 한다고 해서 치료를 잘 할 수 있다고 할 수 없기 때문입니다.

차를 마시다가 나온 이야기입니다. 어느 불자님이 저에게 묻기를 "정진을 하면 운명도 새롭게 바뀌어질 수 있을까요?"라는 질문에 저는 "예, 바꿀 수 있습니다"라고 답을 하였습니다.

불자님은 "어떻게 하면 운명을 바꿀 수 있습니까?"라고 묻기에
저는 "운명은 정해진 것이 아니라 어떻게 생각하고 행동 하느냐
에 따라 운명은 바뀌어진다는 것입니다.
운명은 움직일 '운(運)' 자에 목숨 '명(命)' 자입니다. 어떠한 방식
으로 운명을 바꾸는지가 관건(關鍵)입니다. 참선 정진을 하면 생
각이 맑아지고 깨끗하여 나쁜 인연과 멀어지고 좋은 인연을 가까
이 하여 어리석지 않고 지혜롭게 살다가 죽어서도 사바의 육도윤
회를 벗어날 수 있기 때문입니다"라고 하였습니다.

전생에 지은 숙명(宿命)도 현재 어떠한 정진을 하느냐에 따라 미
래의 운명도 새롭게 바꿀 수 있습니다.

좋은 언행을 하면 좋은 인연이 생기게 되고 나쁜 언행을 하면 나
쁜 인연이 생기게 됩니다. 참선 정진을 하여 나쁜 인연을 멀리하
고 선근 인연을 쌓아 마침내 육도의 윤회를 벗어나는 해탈의 경
지에 이르러 자유로운 삶을 누리시길 바랍니다.

해탈하지 못하면
윤회는 있습니다

언젠가 정진하는 불자님께서 묻기를 "스님, 윤회가 있습니까? 없습니까?"라고 물었습니다.

제가 답하기를 "우리가 육도(六道 : 지옥 · 아귀 · 축생 · 인간 · 아수라 · 천상)를 윤회하는 건 망령된 소견으로 인하여 망령된 버릇이 생기는 것이고, 생각이 맑고 깨끗하면 천상에 태어나며, 감정과 생각이 균등하면 인간으로 태어나고, 감정과 생각이 탁하면 지옥에 태어나게 되는 것입니다.

생각이 맑은 곳의 극치가 천당과 아수라, 인간은 세 가지 좋은 길인 삼선도(三善道)가 되고 생각과 감정이 탁한 곳은 지옥과 아귀, 축생으로 세 가지 나쁜 길인 삼악도(三惡道)가 됩니다.

좋고 나쁜 생각이 요동치지 않는다면 삼선도와 삼악도를 벗어나

육도의 윤회를 면할 수 있지만, 좋고 나쁜 생각이 끊임없이 요동
친다면 육도의 윤회를 면하기 어려울 것입니다.

그러므로 좋고 나쁜 생각이 요동치지 않을 때 참나의 성품을 보
면 해탈하여 육도 윤회가 없지만, 좋고 나쁜 생각이 요동치며 참
나의 성품을 보지 못하면 육도를 윤회하기에 윤회는 있는 것입니
다"라고 하였습니다.

화두만 놓지 마세요!

예전에 큰 스님을 친견하고 어느 시민선원에서 정진하는 불자님이 성도재일에 용맹정진을 마치고 전화가 왔습니다.

보살님은 "스님, 잘 계시지요? 스님 이번 성도재일 용맹정진 때에 눈을 거의 감지 않고 일주일 동안 생생하게 정진을 했습니다"라고 해서 저는 "예, 아주 잘 하셨네요"라고 하였습니다.

보살님은 "스님, 그런데 정진을 할 때 눈을 뜨고 정진하는 게 좋습니까? 눈을 감고 정진하는 게 좋습니까?"라고 묻자 저는 "예, 눈을 뜨고 정진하든 눈을 감고 정진하든 화두만 놓지 마세요"라고 하였는데 보살님은 "와! 스님, 정말 대답이 명쾌합니다"라고 하며 좋아하였습니다.

향곡혜림 (香谷蕙林)

부처와 조사의 산 진리는
전할 수도 받을 수도 없는 것이니라
지금 그대에게 활구법을 부촉하노니
거두거나 놓거나 그대 뜻에 맡기노라

불조 대활구 (佛祖 大活句)
무전 역무수 (無傳 亦無受)
금부 활구시 (今付 活句時)
수방 임자재 (收放 任自在)

바로 선 빌딩이 오래갑니다

저의 시민선원에서 정진을 하던 불자님이 다른 시민선원에 가서 한 철을 살다 온다고 해서 보냈습니다.

한 달 보름쯤 지난 어느 날 연락이 왔습니다. 보살님이 묻기를 "스님 여기서 예전에 스님이 가르쳐 주신대로 허리를 빳빳하게 하고 정진하고 있는데요. 보살님들이 너무 빳빳하면 허리 부러진 다고 하는데 어떻게 할까요?"라고 하였습니다.

나는 "빳빳한 빌딩이 오래갑니까? 구부러진 빌딩이 오래갑니 까?"라고 물으니 보살님은 "예, 알겠습니다"라고 하면서 전화를 끊었습니다.

진제법원 (眞際法遠)

이 주장자 이 진리를 몇 사람이나 알꼬
삼세의 모든 부처님도 알지 못함이로다
한 막대기 주장자가 문득 금룡으로 화해서
한량없는 조화를 자유자재 함이로다

자개주장 기인회 (這箇拄杖 幾人會)
삼세제불 총불식 (三世諸佛 總不識)
일조주장 화금룡 (一條拄杖 化金龍)
응화무변 임자재 (應化無邊 任自在)

대작불사의
원력을 세우며

사실 저는 개인적으로 정진은 조금 하지만 글로 표현하는 것은 자신이 없었습니다. 시작하는 글에서 밝힌 바와 같이 선방에서 활동하는 소임으로 바뀌면서 처음에는 정진하는데 도움이 되지 않았지만 시간이 지나면서 활동하는 소임이 동정일여의 참선 정진에 도움이 됨을 경험하게 되었습니다.

진제 대선사께서 말씀하시기를 "참선은 가나 오나 앉으나 서나 화두가 일념이 되어 보고 듣는 즉시에 화두가 타파된다"고 하셨습니다.
직접 정진할 때 특히 앉을 때도 잘 되지 않았지만 활동하는 소임 공덕으로 다닐 때에도 조금씩 되다 보니 소임 공덕으로 참선을 제대로 배우게 되어 정말 고맙고 감사하다고 생각합니다.

어느 때는 이것이 참선이 아닌가 라고 생각은 했지만 내 스스로 결정하기는 옳지 않아 어느 듯 시간이 지나고 큰스님께 저의 뜻을 밝히고 산을 내려와 지금까지 정진한 인연으로 예전에 운영을 중단했던 포교원을 활성화하여 대구 활동에서 서울 근교로 활동 범위를 넓혀 참선의 바른 길을 찾지 못하시는 사람들과 참선이 어렵다고 하시는 사람들에게 용기와 희망을 가지게 하여 금생에 꼭 함께 견성성불의 원력을 세워 정진하겠습니다.

끝으로 「마음을 치유하는 생활 참선이야기」에 도움을 주신 대한 불교조계종 종정예하를 비롯하여 범주 큰스님, 호산자광 큰스님, 선·후배 도반 스님들, 해조음 이철순 대표님, 홍천 불교포교지 '아제아제 바라아제' 편집장 자재심 보살님에게 고맙고 감사하다는 말씀을 드리고 싶습니다. 고맙습니다.
성불하십시오.

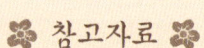

🌸 참고자료 🌸

· 〈불교사전〉 홍법원
· 〈선학사전〉 불지사
· 〈현토주해서장〉 법륜사
· 〈종용록〉 동국대학교
· 〈무문관〉 상아
· 〈선문염송〉 동국대학교
· 〈선가귀감〉 용화선원
· 〈오직 화두뿐〉 해인선원